Urlaubsküche
daheim genießen

mit Gabi Wolpensinger

Italien

Griechenland

Kochbuch für das Modell TM31

Urheberrechte für die Rezeptsammlung liegen bei Gabi Wolpensinger
Veröffentlichungsrechte:
2010 Versand- u. Verlagsbuchhandlung Michaela Keller

Lektorat und Redaktion: Michaela Keller

Verlag: Versand- und Verlagsbuchhandlung M. Keller, Im Gaiern 10, 71287 Weissach

Internet: http://www.tm-kochbuch.de
E-mail: info@keller-versandbuchhandlung.de

Satz & Layout: Versand- und Verlagsbuchhandlung M. Keller
Bildnachweis:
Vorderseite: Bild oben links © MarcoGusella.it - Fotolia.com,
Bild oben rechts © SPAHN - Fotolia.com, Bild unten links © franck cadeau - Fotolia.com,
Bild unten rechts © scoop - Fotolia.com;
Alle Innenseiten: © Gabi Wolpensinger
Ausser Seite 1 (oben) © Tilio & Paolo - Fotolia.com; Seite 1 (unten) © DeVlce - Fotolia.com;
Seite 9 (3 Bilder), Seite 49 © Barbara Dudzinska. - Fotolia.com; Seite 26 © effe45 - Fotolia.com
Seite 79 Bild links + mitte © victoria p. - Fotolia.com, Bild rechts @ International cousine - Jean-Blaise Hall, Photo Alto

1. Auflage August 2010   ISBN 978-3-942777-02-5
2. Auflage Februar 2012

Impressum

Hinweis:

Die vorliegenden Rezepte können mit der Küchenmaschine TM 31 zubereitet werden.
Alle in diesem Buch enthaltenen Angaben, Daten, Ergebnisse etc. wurden von der Autorin nach bestem Wissen erstellt und von ihr und dem Verlag mit größtmöglicher Sorgfalt überprüft. Eine Verantwortung und Haftung für etwaige inhaltliche Unrichtigkeiten kann jedoch nicht übernommen werden. Der Haftungsausschluss gilt nicht, soweit nach dem Produkthaftungsgesetz für Personen- und Sachschäden gehaftet wird. Jeder Leser muss beim Umgang mit den genannten Stoffen, Materialien, Geräten usw. Vorsicht walten lassen, Gebrauchsanweisungen und Herstellerhinweise beachten sowie den Zugang für Unbefugte verhindern.

Erklärungen:

<u>Begriffe:</u>

Begriff **„in Stücken"** - die Stücke einer Zutat gerade so groß schneiden, dass sie durch die Deckelöffnung passen, auch wenn Sie die Zutat direkt in den geöffneten Topf schneiden.

Begriff **„Abstauben"** - wenn der Hefeteig oder der Sauerteig im Topf noch klebt, dann mit dem Spatel am Rand des Topfes den Teig lösen und 1-3 EL Mehl über den Teig streuen. Nach Möglichkeit das Mehl direkt an den Topfrand geben. Topf verschließen und etwas festhalten, 10 Sekunden / Stufe 7 hochdrehen. Das Mehl wird schnell untergearbeitet und der Teig sollte nun nicht mehr kleben. Machen Sie eine Fingerprobe! Wenn kein Teig mehr am Finger hängen bleibt, ist er ok.

Garstufe - die höchste Temperaturstufe (Varomastufe)

Garaufsatz - hier ist der Aufsatz (mit durchsichtigem Deckel) gemeint, der auf den geschlossenen Topf aufgesetzt wird.

Einlegeboden - der Zwischenboden mit Löchern, der beim Bedarf in den Garaufsatz eingesetzt wird.

Garkörbchen - das gelochte Sieb, das direkt in den Topf eingehängt wird.

<u>Abkürzungen:</u>
MB - Messbecher, mit dem man den Topfdeckel verschließt, (100 ml)
Msp. - Messerspitze
TL - Teelöffel
EL - Esslöffel
KH - Kohlenhydrate
BE - Broteinheiten

Nährwerte sind für 100 g angegeben. Falls Sie die WW-Punkte verwenden, ist es Ihnen möglich, sie mit dem Kalkulator selber zu berechnen. Alle notwendigen Angaben, die Sie für die Berechnung benötigen, haben wir in den Nährwerten aufgeführt.

Die Gerichte sind für **4 Personen** berechnet.

Notizen:

Italien

Inhaltsverzeichnis

Inhaltsverzeichnis

Griechenland

Inhaltsverzeichnis

Inhaltsverzeichnis

Italien

Mariniertes Gemüse

Wichtig: *Garaufsatz mit Alufolie auslegen, so dass ein Rand von ca. 5 cm stehen bleibt!*

1 rote Paprika	halbieren, entkernen, waschen und in Streifen schneiden. In den Garaufsatz geben.
1 kleine Zucchini	in Scheiben zugeben.
1 kleine Aubergine	mit Schale, würfeln und zugeben.
200 g Champignons	geputzt und in Scheiben geschnitten zugeben.
1 Knoblauchzehe	in den Mixtopf geben und **4 Sekunden / Stufe 5** zerkleinern.
60 g Balsamico bianco *40 g Olivenöl* *je ¼ TL Basilikum, Oregano* *½ TL Salz, Pfeffer*	Gewürze, Essig und Öl zugeben. **5 Sekunden / Stufe 3** vermischen. Über dem Gemüse verteilen.
400 g heißes Wasser	in den Mixtopf geben und Garaufsatz auf den Topfdeckel setzen. Dann das Gemüse **22 Minuten / Garstufe / Stufe 2** dämpfen. Mit der Marinade in einer Schüssel abkühlen lassen.

 **TIPP:** *Ich esse am liebsten nur Ciabattabrot dazu. Wer möchte vielleicht noch ein gegrilltes Steak.*

Nährwerte je 100 g: 84,33 kcal • 354,1 KJ
1,64 g Eiweiß • 6,37 g Fett • 4,85 g KH • 2,14 g Ballaststoffe • 0,21 BE

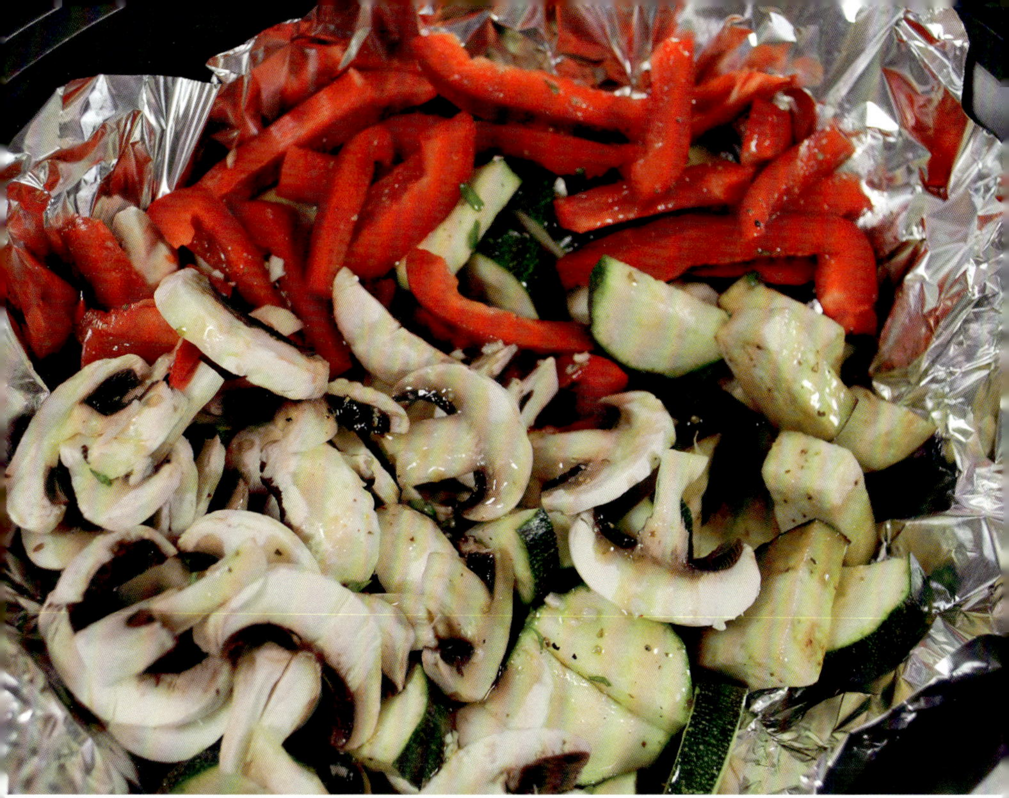

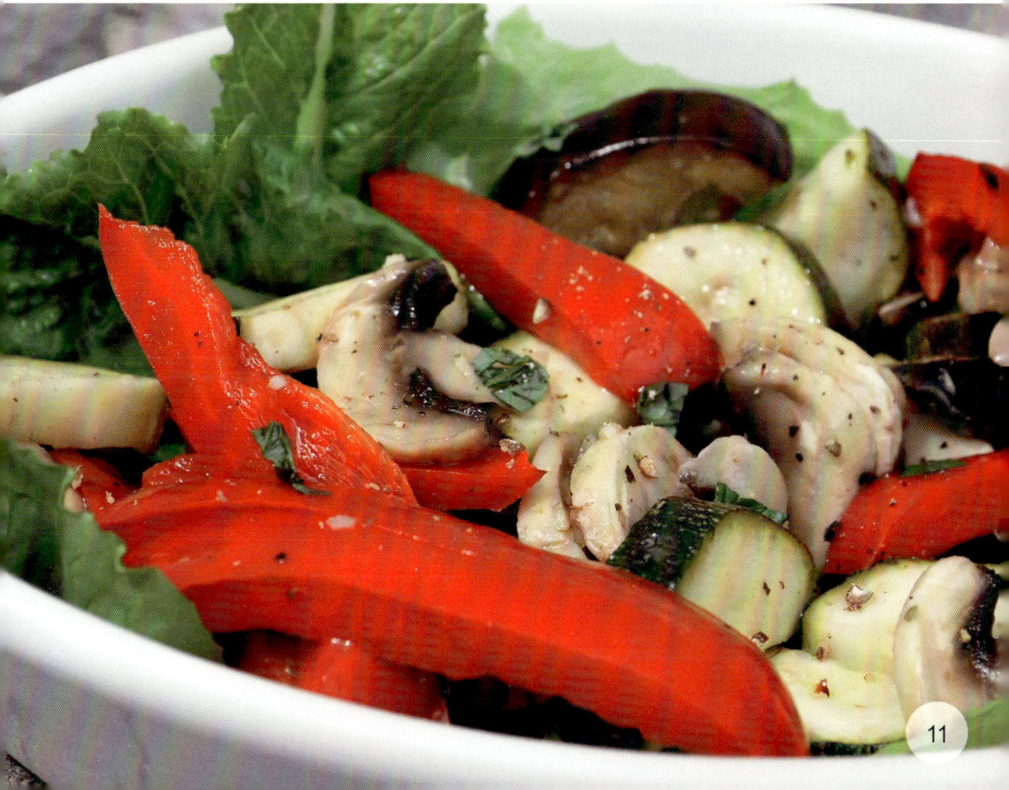

Mozzarella-Pastete

1 Knoblauchzehe	mit
½ Bund Basilikum	in den Mixtopf geben. **5 Sekunden / Stufe 5** zerkleinern.
40 g Oliven	
40 g eingelegte, getrocknete Tomaten	
50 g Pinienkerne	in den Mixtopf geben **4 Sekunden / Stufe 4** zerkleinern.
100 g Schafskäse	
200 g Ricotta	
50 g Sahne	
1 Tüte Gelatine fix	zugeben und **10 Sekunden / Stufe 5** mischen.
	Mit
Salz, Pfeffer	würzen.
500 g Mozzarella	in dünne Scheiben schneiden.

Eine längliche Form mit Folie auslegen und mit Olivenöl ausstreichen.

Abwechselnd eine Schicht Mozzarella und Creme in die Form füllen. Mit Mozzarella abschließen.

Mindestens 1 Stunde kalt stellen. In Scheiben geschnitten mit Grissinistangen anrichten.

Nährwerte je 100 g: 242,5 kcal • 1015,24 KJ
15,14 g Eiweiß • 19,51 g Fett • 1,51 g KH • 1,42 g Ballaststoffe • 0,07 BE

Nudelsalat mit Pilzen und Pesto

1 ½ Liter heißes Wasser	und
1 TL Salz	im Mixtopf **8 Minuten / Garstufe / Stufe 1** erhitzen.
10 g Öl	und
400 g Farfalle	durch die Deckelöffnung zugeben und **10-15 Minuten** (je nach Nudelsorte) **/ 100°C / Stufe 1** kochen. Abgießen, mit kaltem Wasser abschrecken.
1 Zwiebel	schälen, halbieren, in Mixtopf geben. **3 Sekunden / Stufe 5** zerkleinern.
20 g Olivenöl	zugeben und **2 Minuten / Garstufe / Stufe 1** andünsten.
250 g Champignons	putzen, in Scheiben schneiden, in Mixtopf geben und **4 Minuten / Garstufe / Stufe 1** andünsten.
	Mit
Kräutersalz, Pfeffer	würzen,
30 g Balsamico bianco	zugeben und **5 Sekunden / Linkslauf / Stufe 3** mischen. Unter die Nudeln mischen.
3 Tomaten	achteln und mit
1 Mozzarella, in Stücke geschnitten	unter den Salat mischen.

Basilikumpesto:

70 g Parmesan, in Stücken	
30 g Pinienkerne	
2 Knoblauchzehen	Alles in den Mixtopf geben und
je 5 g Basilikum, Petersilie	**5 Sekunden / Stufe 8** zerkleinern.

Nährwerte je 100 g: 137,8 kcal • **577,5** KJ

5,23 g Eiweiß • **6,98 g** Fett • **13,38 g** KH • **1,54 g** Ballaststoffe • **1,08** BE

50 g Olivenöl
½ TL Salz, Pfeffer

Öl und Gewürz zugeben und
5 Sekunden / Stufe 4 vermischen.

Pesto mit dem Nudelsalat gut vermengen, abschmecken und mindestens ½ Stunde ziehen lassen.

Ricotta-Aufstrich

200 g Putenbraten
½ säuerl. Apfel, ohne Kerne

mit
in den Mixtopf geben und **3 Sekunden / Stufe 5** zerkleinern.

10 g Zitronensaft
20 g Meerrettich
(aus dem Glas)

zugeben.

200 g Ricotta
50 g Sauerrahm
Salz, Pfeffer

Restliche Zutaten zugeben und
10 Sekunden / Stufe 4 vermischen.

Parmesanhütchen

80 g Parmesan, in Stücken

in den Mixtopf geben und
10 Sekunden / Stufe 9 zerkleinern.

Jeweils ein Teelöffel des zerkleinerten Parmesan auf ein mit Backpapier ausgelegtes Backblech geben, flach drücken und bei **200°C Ober- / Unterhitze ca. 8 Minuten** backen. Die heißen Taler auf das Mini-Muffinsblech legen und mit dem Mini-Teigformer in die Mulde drücken. Es muss sehr schnell gehen, da die Taler schnell auskühlen und dann beim Formen brechen.

Nährwerte je 100 g (Aufstrich):   126,95 kcal • 531,72 KJ
13,58 g Eiweiß • 6,81 g Fett • 2,58 g KH • 0,52 g Ballaststoffe • 0,22 BE

Tomatentürmchen mit Kräuterpesto

4 Tomaten	waschen, in Scheiben schneiden.
250 g Mozzarella	abtropfen und in Scheiben schneiden.
	Türmchen legen aus abwechselnd je 2 Tomaten- und Mozzarellascheiben.

Kräuterpesto:

½ Bund Petersilie	
½ Bund Basilikum	
20 g Sonnenblumenkerne	
1 Knoblauchzehe	Kräuter, Sonnenblumenkerne und Knoblauch in den Mixtopf geben und **6 Sekunden / Stufe 9** zerkleinern.
40 g Olivenöl	
30 g Aceto Balsamico	
½ gestr. TL Salz, Pfeffer	Restliche Zutaten zugeben und **5 Sekunden / Stufe 4** vermischen.
	Auf Rucola oder Salat servieren!

Nährwerte je 100 g: 130,77 kcal • 548,26 KJ

6,12 g Eiweiß • **10,52 g** Fett • **2,74 g** KH • **0,78 g** Ballaststoffe • **0,23** BE

Rotkrautrohkost

300 g Rotkraut, in Stücken	in den Mixtopf geben. **20 Sekunden / Stufe 4** zerkleinern.
1 gestr. TL Meersalz *½ TL Cayennepfeffer*	zugeben und **10 Minuten / Stufe 2** rühren. Umfüllen!
80 g Sellerie	schälen, in Stücken in den Mixtopf geben.
1 Boskopapfel	vierteln, entkernen und zugeben. **4 Sekunden / Stufe 4-5** zerkleinern.
zerkleinertes Rotkraut *20 g Balsamicocreme, s. unten* *Saft 1 Orange, 5 g Apfelessig* *10 g Honig, 10 g Olivenöl*	Restliche Zutaten zugeben und **20 Sekunden / Knetstufe** mischen. Abschmecken.

Nährwerte je 100 g:	56,34 kcal • 235,68 KJ

1,17 g Eiweiß • 1,87 g Fett • 8,35 g KH • 2,20 g Ballaststoffe • 0,55 BE

Balsamicocreme

50 g Rohrzucker	im Mixtopf **10 Sekunden / Stufe 10** pulverisieren.
40 g Aceto Balsamico	zugeben und **3 Minuten / Garstufe / Stufe 3** erhitzen.
250 g Orangensaft *260 g Aceto Balsamico* *10 g Ingwer, geschält* *½ TL Meersalz, Pfeffer*	in dünne Scheibchen geschnitten Restliche Zutaten zugeben und **25 Minuten / Garstufe / Stufe 3** ohne Messbecher einkochen. Ein Stück Küchenkrepp über das Deckel legen! Absieben und in eine Flasche füllen!

Nährwerte je 100 g:	103,63 kcal • 433,58 KJ

0,66 g Eiweiß • 0,09 g Fett • 21,97 g KH • 0,13 g Ballaststoffe • 1,81 BE

Vitello Tonnato

1 Liter heißes Wasser 600 g Roséwein	mit Wein in den Mixtopf geben. Garkörbchen einhängen.
350 g Kalbfleisch (falsches Filet)	Am Stück belassen.
1 Zwiebel, halbiert 1 Karotte, in Stücken 1 Selleriestange in Stücken 1 Lorbeerblatt 2 TL gekörnte Gemüsebrühe, 12 schwarze Pfefferkörner	Fleisch, Gemüse und Gewürz in das Garkörbchen geben. **50 Minuten / 100 °C / Stufe 1** kochen. In der Brühe abkühlen lassen und in dünne Scheiben schneiden. Auf einer Platte anrichten.

Wichtig: *50 g Brühe für die Soße zurückbehalten. Rest eventuell für eine Suppe verwendbar.*

Tonnatosoße:

1 Dose Thunfisch, naturell 4 Sardellenfilets 8 Cornichons (eingelegte Gurken) 2 hart gekochte Eigelb 10 g Balsamico bianco 20 g Zitronensaft 50 g Kalbfleischbrühe s. oben 40 g Olivenöl Salz, Pfeffer	alle Zutaten in den Mixtopf geben und **10 Sekunden / Stufe 9** pürieren. Über den Fleischscheiben verteilen.
2 EL Kapern	auf der Soße verteilen und anrichten.

Nährwerte je 100 g: 190,59 kcal • 797,53 KJ
18,51 g Eiweiß • 11,86 g Fett • 2,37 g KH • 0,29 g Ballaststoffe • 0,17 BE

Minestrone

50 g Parmesan, in Stücken	in den Mixtopf geben. **6 Sekunden / Stufe 9** zerkleinern. Umfüllen!
1 Tomate	halbieren, Stielansatz entfernen und mit
1 Knoblauchzehe	in den Mixtopf geben. **4 Sekunden / Stufe 8** zerkleinern.
15 g Olivenöl	zugeben und **3 Minuten / Garstufe / Stufe 2** dünsten.
1 Zucchini (ca. 300 g)	entkernen.
½ rote Paprika	
1 Kohlrabi	
1 große Möhre	
2 Kartoffeln	Kartoffeln und Gemüse in Würfel swchneiden und in den Mixtopf geben.
100 g Zuckerschoten oder Bohnen	
¾ Liter heißes Wasser	und
2 gehäufte TL gekörnte Gemüsebrühe	zugeben. **20 Minuten / Linkslauf / 100°C / Stufe 1** garen. Mit
Salz, Pfeffer	abschmecken.

Suppe in Teller anrichten und mit Parmesan bestreuen. Mit Ciabatta-brot servieren.

Nährwerte je 100 g: 38,2 kcal • 159,85 KJ
1,88 g Eiweiß • 1,82 g Fett • 3,39 g KH • 1,23 g Ballaststoffe • 0,28 BE

Maronisüppchen

50 g Schalotten

schälen, in den Mixtopf geben und **5 Sekunden / Stufe 5** zerkleinern.

400 g gegarte Maronen
100 g Kartoffeln, geschält

Maronen mit Kartoffeln (gewürfelt) zugeben und **4 Sekunden / Stufe 5** zerkleinern.

150 g Roséwein
750 g heißes Wasser
3 geh. TL gekörnte Hühnerbrühe
200 g Sahne
Saft ½ Zitrone
100 g Créme fraîche
½ TL Cayennepfeffer
Meersalz

Restliche Zutaten zugeben.
25 Minuten / 100°C / Stufe 2 kochen. **12 Sekunden / Stufe 8** pürieren. Durch ein Sieb passieren. Abschmecken.

Die angerichtete Suppe mit etwas Schlagsahne und Trüffelöl verfeinern und sofort servieren!

Nährwerte je 100 g: **111,8 kcal • 467,22 KJ**
1,28 g Eiweiß • **6,83 g** Fett • **9,64 g** KH • **2,03 g** Ballaststoffe • **0,80 BE**

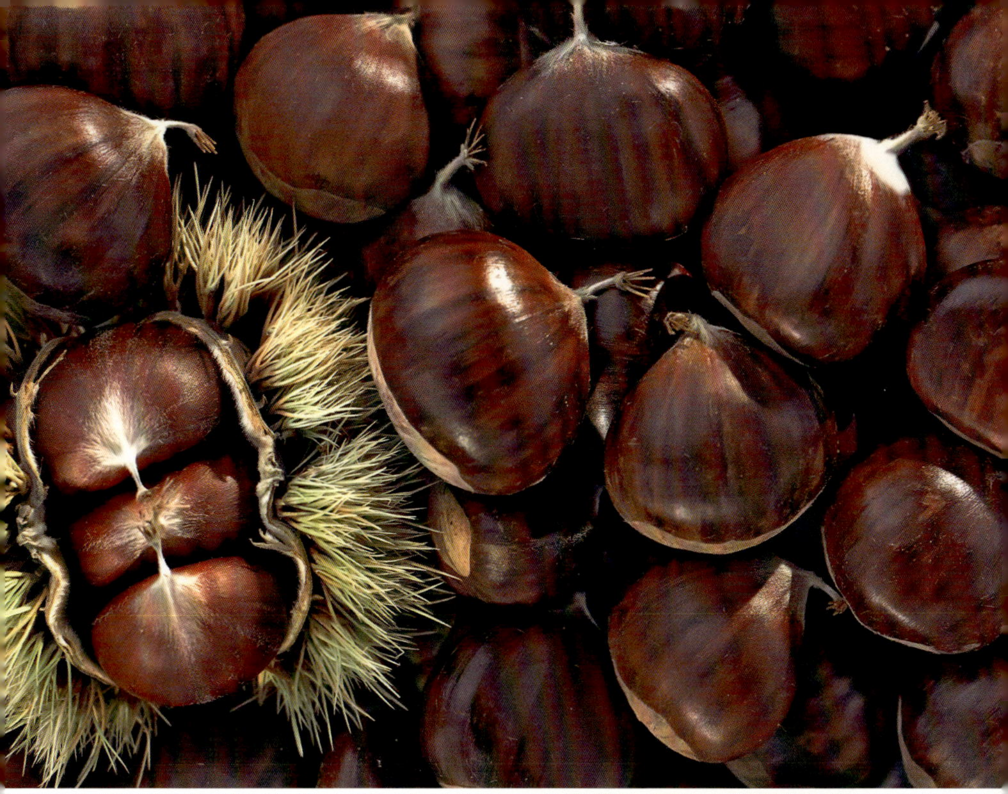

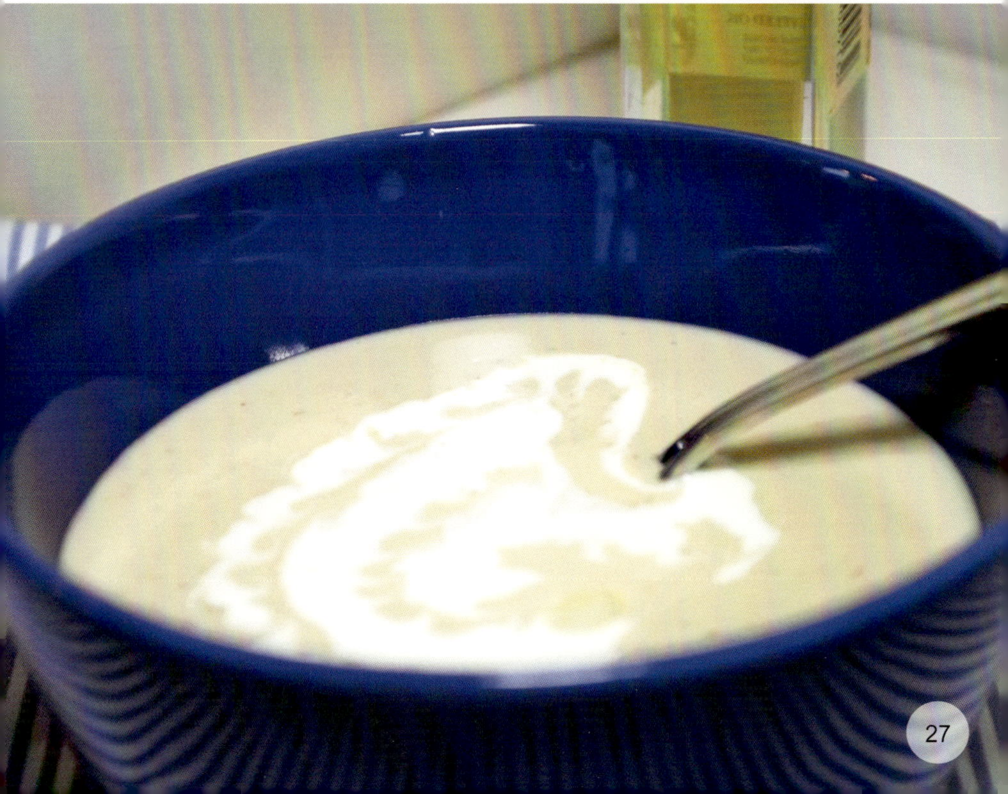

Tomatencremesuppe

1 Knoblauchzehe	in den Mixtopf geben. **5 Sekunden / Stufe 5** zerkleinern.
1 rote Paprika	entkernen, in Stücken in den Mixtopf geben.
1 kleine Zwiebel	halbieren, zugeben.
½ Salatgurke	schälen, in Stücken zugeben und alles **5 Sekunden / Stufe 4-5** zerkleinern.
2 Dosen Tomaten (800 g)	zugeben.

40 g Aceto Balsamico
20 g Olivenöl
50 g Tomatenmark
300 g heißes Wasser
3 geh. TL gekörnte Gemüsebrühe
Pfeffer

Alle Zutaten zugeben und **20 Minuten / 100°C / Stufe 2** kochen. Zum Schluss **12 Sekunden / Stufe 10** pürieren. Abschmecken.

10 Blättchen frisches Basilikum

Suppe mit in Streifen geschnittenem Basilikum servieren!

Nährwerte je 100 g: 30,12 kcal • 126,50 KJ

0,88 g Eiweiß • **1,54 g** Fett • **2,92 g** KH • **0,88 g** Ballaststoffe • **0,24 BE**

Kartoffelsuppe mit Oliventopping

Topping:

50 g Parmesan	in Stücken in den Mixtopf geben und **8 Sekunden / Stufe 9** zerkleinern.
10 Blätter Basilikum	zugeben.
100 g eingelegte Oliven (mit Kräuter, ohne Steine)	zugeben und **4 Sekunden / Stufe 5** zerkleinern. Umfüllen!

Suppe:

1 Zwiebel	halbiert in den Mixtopf geben. **3 Sekunden / Stufe 5** zerkleinern.
40 g Olivenöl	zugeben und **3 Minuten / Garstufe / Stufe 2** dünsten.
3 Tomaten	halbieren, Stielansatz entfernen, zugeben und **5 Sekunden / Stufe 6** zerkleinern.
1 Möhre *3 Kartoffeln* *4 Blätter Liebstöckel (auch Maggikraut genannt)*	und in großen Stücken zugeben. **10 Sekunden / Stufe 8** zerkleinern. Garkörbchen für Suppeneinlage einsetzen!
1 Möhre *2 gewürfelten Kartoffeln*	schälen, würfeln und mit in das Garkörbchen geben.
850 g heißes Wasser *3 geh. TL gekörnte Gemüsebrühe* *schwarzer Pfeffer*	Wasser mit Gewürzen zugeben. **20 Minuten / 100°C / Stufe 2** garen.

Nährwerte je 100 g:	59,89 kcal • 251,37 KJ
1,77 g Eiweiß • 3,24 g Fett • 5,69 g KH • 1,37 g Ballaststoffe • 0,47 BE	

Dann **30 Sekunden / Stufe 10** pürieren.

In eine Suppenterrine füllen und mit Oliventopping servieren!

Ciabattabrötchen

Am Anfang:

Backofen auf 220°C Ober- / Unterhitze vorheizen.

500 g Weizenmehl Type 405
100 g Vollmilch
180 g warmes Wasser
½ Würfel Hefe
10 g Zucker
20 g Olivenöl
15 g Salz

alle Zutaten in den Mixtopf geben.
4 Minuten / Knetstufe kneten.

Zugedeckt 1 Stunde gehen lassen und nochmals **40 Sekunden / Knetstufe** kneten.

Brötchen formen.

In den vozgeheizten Ofen schieben und bei **220°C Ober-/ Unterhitze ca. 20–25 Minuten** backen.

 **TIPP:** *Je länger man den Teig gehen lässt, desto luftiger werden die Brötchen!*

Nährwerte je 100 g: **239,44** kcal • **1001,48** KJ
7,03 g Eiweiß • **3,4 g** Fett • **44,46 g** KH • **2,86 g** Ballaststoffe • **3,71** BE

Basilikum-Gnocchi

40 g Parmesan	in Stücken in den Mixtopf geben, **15 Sekunden / Stufe 10** zerkleinern. Umfüllen.
20 g Basilikum	in den Mixtopf geben und **3 Sekunden / Stufe 6** zerkleinern. Umfüllen.
½ Liter heißes Wasser *1 TL Salz*	mit in den Mixtopf geben. Garkörbchen einsetzen.
500 g Kartoffeln (mehlig kochende)	schälen, vierteln und in das Garkörbchen geben.
	25 Minuten / Garstufe / Stufe 2 garen. Wasser abgießen.
	Rühraufsatz einsetzen! Gegarte Kartoffeln in den Mixtopf geben. **4 Sekunden / Stufe 3** zerkleinern. **Rühraufsatz entfernen!** 10 Minuten auskühlen lassen.
150 g Mehl *1 Prise Muskat* *1 TL Salz*	Restliche Zutaten zugeben und **45 Sekunden / Knetstufe** vermengen.
	Daumendicke Rollen formen, 3 cm dicke Stücke abschneiden, mit Gabel Rillen eindrücken und in dem Garaufsatz verteilen.
2 Knoblauchzehen	in den Mixtopf geben. **3 Sekunden / Stufe 5** zerkleinern. Alles mit dem Spatel nach unten schieben.
20 g Olivenöl	zugeben und **3 Minuten / Garstufe / Stufe 2** dämpfen.

Nährwerte je 100 g:	135,75 kcal • 568,85 KJ
4,2 g Eiweiß • 4,13 g Fett • 19,96 g KH • 2,24 g Ballaststoffe • 1,66 BE	

250 g Cocktailtomaten
25 g Kapern

geriebener Parmesan

½ Liter heißes Wasser

Über den Gnocchi verteilen.

mit
zwischen den Gnocchi verteilen.

darüberstreuen.

in den Mixtopf geben, Garaufsatz aufsetzen und **25 Minuten / Garstufe / Stufe 2** garen.

Mit Basilikum bestreut sofort servieren!

Frühlingsrisotto

70 g Pecorino	in Stücken in den Mixtopf geben und **8 Sekunden / Stufe 9** zerkleinern.
	Umfüllen.
1 Zwiebel	schälen, halbieren, in den Mixtopf geben und **4 Sekunden / Stufe 5** zerkleinern.
30 g Olivenöl	zugeben und **3 Minuten / Garstufe / Stufe 2** dünsten.
½ Bund Bärlauch	auf's laufende Messer / **Stufe 7** geben.
100 g Champignons	putzen, in Scheiben schneiden, in den Mixtopf geben.
100 g grüne Spargelstücke *250 g Risottoreis* *100 g Roséwein* *500 g heißes Wasser* *60 g Butter* *3 TL gekörnte Gemüsebrühe* *½ TL Pfeffer* *Saft ½ Zitrone*	Restliche Zutaten zugeben. Deckel <u>nicht</u> mit dem Messbecher verschließen!
	8 Minuten / Linkslauf / 100°C / Stufe 1 kochen. Dann noch **15 Minuten / Linkslauf / 80°C / Stufe 1** garen.
	Nach Ende der Garzeit den Pecorino zugeben und mit Hilfe des Spatels **20 Sekunden / Stufe 1** unterrühren.

Nährwerte je 100 g: 173,5 kcal • 726,13 KJ

4,07 g Eiweiß • **8,95 g** Fett • **17,48 g** KH • **0,69 g** Ballaststoffe • **1,45 BE**

Tomatenrisotto

50 g Parmesan	in Stücken in den Mixtopf geben und **8 Sekunden / Stufe 10** zerkleinern. Umfüllen.
1 Zwiebel *1 Knoblauchzehe*	schälen, halbieren und mit in den Mixtopf geben und **4 Sekunden / Stufe 5** zerkleinern.
20 g Butter	zugeben und **3 Minuten / Garstufe / Stufe 2** dünsten.
250 g Tomaten	halbieren, Stielansatz herausschneiden und in den Mixtopf geben. **8 Sekunden / Stufe 6** zerkleinern.
80 g in Kräuter eingelegte Oliven	halbieren und mit restlichen Zutaten zugeben:
250 g Risottoreis *20 g Aceto Balsamico* *300 g heißes Wasser* *20 g Olivenöl* *3 TL gekörnte Gemüsebrühe* *½ TL Pfeffer* *Saft 1 Zitrone*	**8 Minuten / Linkslauf / 100°C / Stufe 1** kochen. Dann noch **19 Minuten / Linkslauf / 80°C / Stufe 1** garen. Den Deckel <u>nicht</u> mit dem Messbecher verschließen!

Nach Ende der Garzeit das Risotto in eine Schüssel geben, mit Parmesan und Basilikumblättchen bestreuen und sofort servieren!

Nährwerte je 100 g: 163,66 kcal • 685,55 KJ

3,98 g Eiweiß • **6,63 g** Fett • **21,44 g** KH • **0,89 g** Ballaststoffe • **1,79** BE

Rigatoni al forno

100 g Emmentaler	in Stücken in den Mixtopf geben und **6 Sekunden / Stufe 7** zerkleinern. Umfüllen.
1 Zwiebel	halbiert in Mixtopf geben. **5 Sekunden / Stufe 5** zerkleinern. Stücke mit Spatel noch nach unten schieben.
20 g Butter	zugeben und **3 Minuten / Garstufe / Stufe 1** dünsten.
100 g Champignons, in Scheiben geschnitten	zugeben. Nochmals **3 Minuten / Garstufe / Stufe 1** dünsten.
150 g Sauerrahm, 10 % Fett *150 g Schlagsahne* *80 g gefrorene Erbsen* *480 g heißes Wasser* *Saft ½ Zitrone* *je ½ TL Meersalz, Chiligewürz* *3 TL gekörnte Gemüsebrühe*	außer den Nudeln alles zugeben und **5 ½ Minuten / 100°C / Stufe 1** erhitzen.
380 g Rigatoni	zugeben und **9 Minuten / 100°C / Linkslauf / Stufe 1** garen. Abschmecken. In eine feuerfeste Auflaufform geben.
zerkleinerter Käse	darüberstreuen und **8 Minuten bei 220°C Ober- / Unterhitze** überbacken.
	Sofort servieren!

Nährwerte je 100 g: 172,06 kcal • 720,7 KJ
6,31 g Eiweiß • 7,84 g Fett • 18,89 g KH • 1,75 g Ballaststoffe • 1,57 BE

Tomatenfisch

50 g Parmesan	in den Mixtopf geben und **8 Sekunden / Stufe 10** zerkleinern.
	Umfüllen.
500 g Fischfilets *Aceto Balsamico*	Fisch abwaschen, mit Essig säuern.
Salz, Pfeffer	Mit gut würzen und in Einlegeboden vom Garaufsatz legen.
10 g Basilikum *1 geh. TL Kapern*	mit in Mixtopf geben und **4 Sekunden / Stufe 6** zerkleinern.
30 g Butter *30 g Tomatenmark* *Salz, Pfeffer*	Restliche Zutaten zugeben.
	10 Sekunden / Stufe 4 vermischen und über dem Fisch verteilen.
2 Fleischtomaten	Stielansatz entfernen und in Scheiben schneiden. Über der Basilikumbutter verteilen.
Salz, Pfeffer	Mit würzen.
125 g Mozzarella	in Scheiben geschnitten über die Tomaten legen.
zerkleinerter Parmesan	über den Mozzarella streuen.
200 g Naturreis	in das Garkörbchen geben.
850 g heißes Wasser *3 TL gekörnte Gemüsebrühe*	und in den Mixtopf geben, Garkörbchen einhängen und Garaufsatz aufsetzen.
	30 Minuten / Garstufe / Stufe 2 garen.

Nährwerte je 100 g: 118,28 kcal • 494,22 KJ
8,05 g Eiweiß • 5,14 g Fett • 9,62 g KH • 0,53 g Ballaststoffe • 0,8 BE

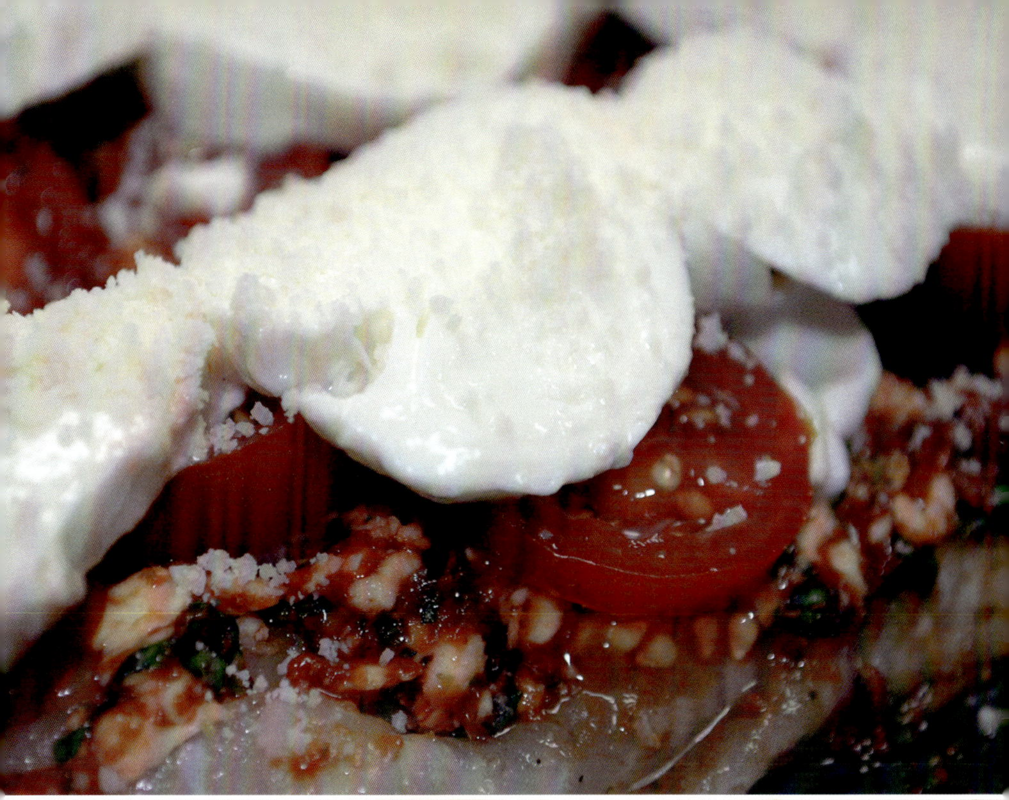

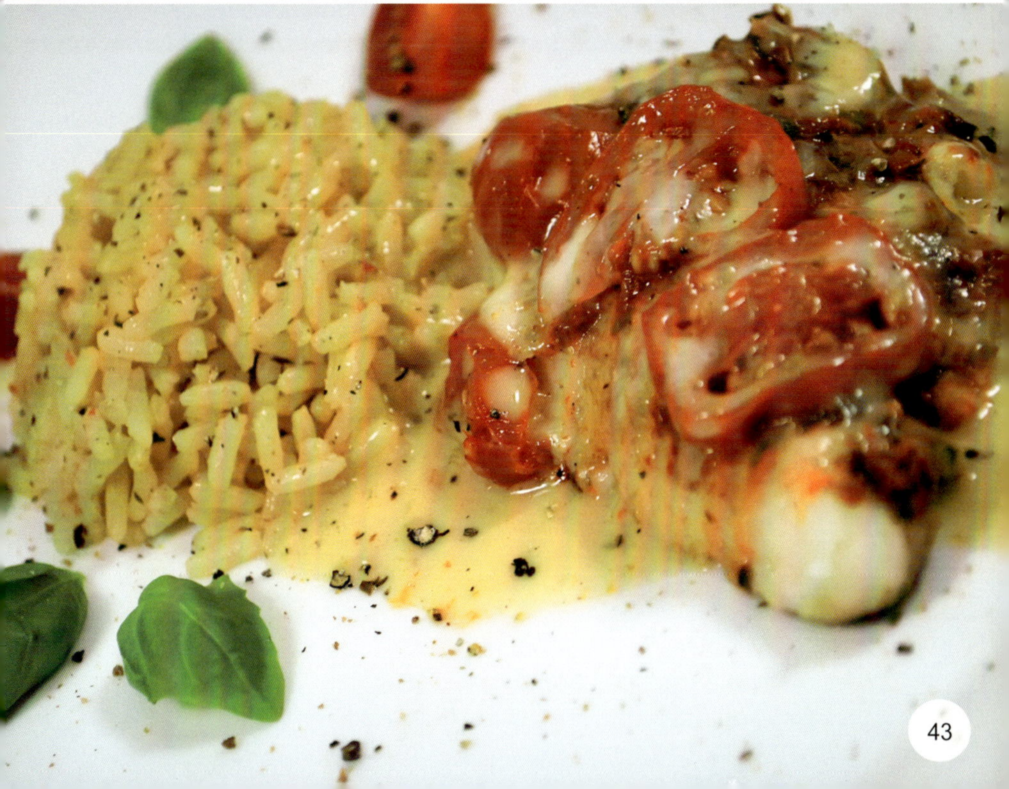

Für die Soße:

Garflüssigkeit	im Mixtopf lassen.
Saft ½ Zitrone	zugeben.
100 g Crème fraîche	
30 g Mehl	und
10 g Kapern	zugeben. **3 Minuten / 100°C / Stufe 4** erhitzen.
	Mit
Cayennepfeffer	und
Rosenpaprika, Salz	abschmecken.

Crema piccante

¼ Salatgurke	schälen, in Stücken mit
¼ TL Salz	in den Mixtopf geben und **3 Sekunden / Stufe 6** zerkleinern. In ein Sieb umfüllen und 10 Minuten stehen lassen. Dann mit einem Löffel ausdrücken.
1 Knoblauchzehe	in den Mixtopf geben und **5 Sekunden / Stufe 5** zerkleinern.
50 g Oliven, mit Paprika gefüllt	zugeben und **3 Sekunden / Stufe 4** zerkleinern.
150 g Ricotta	
ausgedrückte Gurke	
Pfeffer, ½ TL ital. Kräuter	Restliche Zutaten zugeben und **10 Sekunden / Stufe 4** vermischen.

 **TIPP:** *Auf einer Platte mit Gurken- und Tomatenscheiben anrichten. Mit Weißbrot oder Ciabatta servieren.*

Nährwerte je 100 g:	139,87 kcal • 586,31 KJ
6,29 g Eiweiß • 12,02 g Fett • 1,36 g KH • 0,68 g Ballaststoffe • 0,12 BE	

Minipizzen mit Thunfisch Tapenade und Paprika

125 g Mozzarella	**8 Sekunden / Stufe 4** zerkleinern und umfüllen.
200 g Gouda	in Stücken in den Mixtopf geben und **8 Sekunden / Stufe 6** zerkleinern. Umfüllen.
340 g Weizenmehl Typ 1050 *½ Würfel Hefe* *1 TL Salz* *1 Prise Zucker* *200 g warmes Wasser* *40 g Olivenöl*	Zutaten für den Teig in den Mixtopf geben und **2 Minuten / Knetstufe** kneten.
	Teig zu einer Rolle formen, 12 Scheiben abschneiden und kleine Pizzaböden ausrollen, den Rand etwas hochdrücken. Auf ein mit Olivenöl bestrichenes Backblech legen.
1 Dose geschälte Tomaten *1 Knoblauchzehe* *10 g Essig* *30 g Tomatenmark* *Salz, Pfeffer, Basilikum,* *Oregano, Thymian*	für die Soße Zutaten in den Mixtopf und **5 Sekunden / Stufe 7** zerkleinern. Auf den Pizzen verteilen.
5 g Petersilie, ohne Stiel	im Mixtopf **3 Sekunden / Stufe 7** zerkleinern.
1 Dose Thunfisch in Öl (135 g) *25 g Crème fraîche* *5 g Zitronensaft*	zugeben.

Nährwerte je 100 g: 194,79 kcal • 815,33 KJ
8,96 g Eiweiß • 10,83 g Fett • 15,18 g KH • 1,84 g Ballaststoffe • 1,26 BE

5 Tr. Tabasco, Salz, Pfeffer	Mit würzen und **3 Sekunden / Stufe 4** mischen.
	Tapenade auf 6 Pizzen verteilen.
1 rote Paprika	in Streifen geschnitten auf den restlichen Pizzen verteilen.
4 Peperoni, gefüllt mit Käse	in Stücke geschnitten ebenfalls verteilen.
Salz, Pfeffer, Pizzagewürz	Mit gut würzen und alle Pizzen mit dem zerkleinerten Käse bestreuen.
	Im vorgeheizten Backofen bei **225°C Ober- / Unterhitze** (200°C Umluft) **ca. 25 Minuten** backen.

Gefülltes Gemüse in kalter Tomatensoße

100 g Toastbrot	in Stücken in den Mixtopf geben.
350 g saftige Tomaten (oder Dosentomaten)	Tomaten waschen, halbieren und die grünen Stielansätze heraus-schneiden, zum Toast geben.
10 g Olivenöl *10 g Aceto Balsamico* *1 TL gekörnte Gemüsebrühe* *½ TL Pfeffer* *5 Blätter Basilikum* *30 g Ketchup*	In den Mixtopf zugeben und **10 Sekunden / Stufe 8** vermischen. Umfüllen!
je 1 rote und gelbe Paprika	halbieren, entkernen, waschen und mit Creme 1 füllen:

Creme 1:

12 entsteinte Oliven	mit
2 EL Kapern	in den Mixtopf geben. **4 Sekunden / Stufe 6** zerkleinern.
200 g Schichtkäse	mit
10 g Schlagsahne	zugeben und **10 Sekunden / Stufe 5** vermischen. Die Paprikahälften füllen und im Garaufsatz verteilen.
1 Zucchini	längs halbieren und entkernen. Mit Creme 2 füllen.

Creme 2:

1 Knoblauchzehe	in den Mixtopf geben und **4 Sekunden / Stufe 5** zerkleinern.
50 g gekochter Schinken *10 g Olivenöl* *100 g Schichtkäse*	

Nährwerte je 100 g:	85,49 kcal • 358,55 KJ
4,77 g Eiweiß • 4,33 g Fett • 6,51 g KH • 1,39 g Ballaststoffe • 0,54 BE	

Pfeffer, Basilikum	zugeben. **5 Sekunden / Stufe 6** mischen. Zucchini füllen und in Garaufsatz (Einlegeboden) legen.
½ Gurke	schälen, halbieren und Kerne entfernen. In Garaufsatz (Einlegeboden) legen und füllen:
2 Tomaten	waschen, würfeln, in die Gurke füllen.
gekörnte Gemüsebrühe, Pfeffer	Mit würzen.
80 g mittelalter Gouda	in den Mixtopf geben und **8 Sekunden / Stufe 7** zerkleinern und über die Tomaten geben.
500 g heißes Wasser *2 TL Salz*	mit in Mixtopf geben. Deckel verschließen, Garaufsatz aufsetzen und **25 Minuten / Garstufe / Stufe 2** dämpfen. Das gedämpfte Gemüse mit der kalten Tomatensoße anrichten und mit Basilikumblättchen garnieren.

Ravioli mit Fleischfüllung

500 g Weizenmehl Type 1050
2 mittelgroße Eier
110 g Wasser
1 gestr. TL Salz
20 g Olivenöl

Mehl, Eier, Wasser, Öl und Salz in den Mixtopf geben.
In **1 ½ Minuten / Knetstufe** zu Teig verarbeiten.

Den Teig in Folie einschlagen und 20 Minuten im Kühlschrank ruhen lassen.

Für die Füllung:

60 g Parmesan, in Stücken

im Mixtopf geben und **6 Sekunden / Stufe 9** zerkleinern. Umfüllen.

600 g heißes Wasser

in den Mixtopf geben.

10 g gekörnte Gemüsebrühe
300 g Hähnchenbrustfilet
(in großen Stücken)

mit

zugeben. **19 Minuten / Garstufe / Stufe 1** kochen.

Wichtig:

Brühe für die Soße zur Seite stellen!

Fleisch etwas abkühlen lassen. Dann wieder in Mixtopf geben.

Zerkleinerter Parmesan
100 g Crème fraîche
1 Ei
Salz, Pfeffer, Muskat

Alles zu dem Fleisch geben.
5 Sekunden / Stufe 6 vermischen.
Den Teig teilen und jeweils zu gleichen Rechtecken ausrollen.

Nährwerte je 100 g:	166,53 kcal • 697,01 KJ
11,3 g Eiweiß • 6,02 g Fett • 16,48 g KH • 1,47 g Ballaststoffe • 1,37 BE	

Dann Ravioli herstellen:

man setzt gleichmäßig alle 2 cm einen ½ TL Füllung auf die eine Teigplatte.

Wenn die Platte voll ist, legt man die zweite darüber. Nun drückt man den Teig um die Füllung ein wenig an und rädelt kleine Ravioli aus.

2 Liter Wasser
1 TL Salz

mit
in einem großen Kochtopf zum Kochen bringen, die Ravioli ca. **8 Minuten** bei mittlerer Hitze kochen, Wasser abgießen und Ravioli warm halten.

Für die Soße:

1 Zwiebel
1 Knoblauchzehe

halbieren und mit
in den Mixtopf geben. **3 Sekunden / Stufe 6** zerkleinern.

40 g gewürfelter Speck

zugeben.

20 g Olivenöl

zugeben und **3 Minuten / Garstufe / Stufe 1** dünsten.

200 g Hähnchenbrustfilet

zugeben und **4 Sekunden / Stufe 6** zerkleinern.

1 Dose Pizzatomaten
50 g Tomatenmark
Salz, Pfeffer, Chiliflocken
1 TL italienische Kräuter
300 g gekochte Brühe s. oben

Restliche Zutaten zugeben und **20 Minuten / 100°C / Linkslauf / Stufe 1** kochen. Mit den Gewürzen kräftig abschmecken.
Soße über die Ravioli geben und sofort servieren.

Focaccia mit Rucola

500 g Weizenmehl
40 g Olivenöl
30 g Hefe, 10 g Salz
260 g warmes Wasser

Zutaten für Teig in Mixtopf geben und **2 ½ Minuten / Knetstufe** kneten. 15 Minuten im Mixtopf ruhen lassen.

Nochmals **20 Sekunden / Knetstufe** kneten.

Halbieren und 2 Fladenbrote formen und eins davon auf ein gefettetes Backblech geben.

Füllung darauf verteilen und das zweite Fladenbrot darüberlegen. Die Seiten andrücken und zugedeckt 25 Minuten gehen lassen.

1 EL Olivenöl

über dem Fladenbrot verteilen.

Füllung:

150 g Mozzarella

in den Mixtopf geben und **5 Sekunden / Stufe 5** zerkleinern.

Umfüllen.

250 g Tomaten

halbieren, Stielansatz herausschneiden, in den Mixtopf geben.

1 Knoblauchzehe
20 g Olivenöl
20 g Tomatenmark
je ½ TL Salz, Pfeffer

Restliche Zutaten in den Mixtopf geben.

10 Sekunden / Stufe 8 pürieren.

80 g Rucola

auf die Tomatensoße legen und mit Mozzarella bestreuen.

Nährwerte je 100 g: 207,02 kcal • 866,23 KJ

6,8 g Eiweiß • 7,69 g Fett • 27,29 g KH • 2,23 g Ballaststoffe • 2,27 BE

53

Kalten Backofen an Boden und Seitenwände mit Wasser besprühen.

Bei **200°C (Ober- / Unterhitze)** auf unterer Schiebeleiste **30-35 Minuten** backen.

Warm servieren!

Rotes Pesto

50 g getrocknete Tomaten	in den Mixtopf geben und **5 Sekunden / Stufe 7** zerkleinern.
20 g Aceto Balsamico	und
80 g Wasser	zugeben und **5 Minuten / 100°C / Stufe 1** erhitzen.
50 g Parmesan, in Stücken *50 g Pinienkerne* *1 Knoblauchzehe* *1 rote Paprika* *10 g Basilikum und Petersilie* *(ohne Stiel)*	zugeben und **6 Sekunden / Stufe 10** zerkleinern. Alles mit dem Spatel nach unten schieben.
30 g Olivenöl *½ TL Salz, Pfeffer*	Öl, Salz und Pfeffer zugeben und **4 Sekunden / Stufe 7** vermischen. Mit heißen Spaghetti servieren!

Hinweis:

Falls eingelegte, getrocknete Tomaten verwendet werden, Tomaten nur zerkleinern. Wasser und Balsamico werden dann nicht gebraucht und die Tomaten nicht erhitzten.

Nährwerte je 100 g: **263,84** kcal • **1105,04** KJ

9,72 g Eiweiß • **22,05 g** Fett • **6,77 g** KH • **2,78 g** Ballaststoffe • **0,37** BE

Paprika-Fisch-Topf

150 g Emmentaler	in den Mixtopf geben, **8 Sekunden / Stufe 5** zerkleinern, umfüllen.
200 g Parboiled Reis	20 Minuten einweichen und im Garaufsatz verteilen.
1 kleine Zwiebel	schälen, in den Mixtopf geben und **3 Sekunden / Stufe 5** zerkleinern.
30 g Olivenöl	zugeben und **3 Minuten / Garstufe / Stufe 1** dünsten.
je 1 Paprika rot, gelb	zugeben und **4 Sekunden / Stufe 4** zerkleinern. Auf dem Reis verteilen.
1 TL gekörnte Gemüsebrühe *Cayennepfeffer*	Mit und die zerkleinerte Paprika kräftig würzen.
300 g Fischfilet *Kräutersalz, Pfeffer* *Balsamicoessig*	würfeln, mit und würzen, säuern und über dem Paprika verteilen.
100 g Crème fraîche *100 g Frischkäse* *½ Bd. Schnittlauch, geschnitten*	in den Mixtopf geben und **8 Sekunden / Stufe 7** mischen. Über dem Fisch verteilen.
2 Tomaten	Stielansätze herausschneiden und Tomaten in Scheiben schneiden. Weiterschichten.
Salz, Cayennepfeffer	Mit die Tomaten würzen.
Den zerkleinerten Käse (s. oben)	über den Auflauf streuen.
600 g heißes Wasser *2 TL gekörnte Gemüsebrühe*	mit in den Mixtopf geben, Garaufsatz aufsetzen und **35 Minuten / Garstufe / Stufe 2** kochen.

Nährwerte je 100 g: 149,17 kcal • 624,73 KJ

7,31 g Eiweiß • 8,72 g Fett • 10,25 g KH • 0,9 g Ballaststoffe • 0,85 BE

Soße:

Brühe — im Mixtopf lassen.
100 g Crème fraîche
30 g Mehl
Pfeffer
½ Bd. Schnittlauch, geschn. — Alle Zutaten für die Soße in Mixtopf geben und **3 Minuten / 100°C / Stufe 4** kochen.

Olivenmuffins

Backofen auf **200°C Ober- / Unterhitze** vorheizen.

10 g eingelegte getrocknete Tomaten — in den Mixtopf geben und **3 Sekunden / Stufe 7** zerkleinern.

50 g Oliven, eingelegt in Kräuter — zugeben und **3 Sekunden / Stufe 5** zerkleinern.

250 g Weizenmehl Type 405
½ Päckchen Backpulver
100 g Fetaschafskäse
1 TL getr. Rosmarin
1 Ei
10 g Olivenöl
200 g Buttermilch — Restliche Zutaten zugeben und **10 Sekunden / Stufe 5** mischen. Teig in einer gefetteten Muffinform verteilen.

Im vorgeheizten Backofen **20–25 Minuten** bei **200°C Ober- / Unterhitze** (180°C Heißluft) backen und warm servieren.

Nährwerte je 100 g: 209,27 kcal • 875,9 KJ
8,36 g Eiweiß • 6,87 g Fett • 27,85 g KH • 1,67 g Ballaststoffe • 2,30 BE

Grissini

Öl, Hartweizengrieß	2 Backbleche einölen und mit Grieß bestreuen.
50 g Parmesan	in Mixtopf geben und **6 Sekunden / Stufe 10** zerkleinern.
450 g Weizenmehl Type 405 *2 TL Salz* *30 g Hefe* *250 g warmes Wasser* *40 g Olivenöl*	Alle Zutaten zugeben. **3 Minuten / Knetstufe** vermischen. 10 Minuten ruhen lassen und nochmals **2 Minuten / Knetstufe** kneten.
	Mit Mehl knapp 2 cm dick zu einem Rechteck ausrollen. Der Länge nach einmal teilen und jedes Teil in 1,5 cm breite Streifen schneiden. Diese Streifen ca. 4 cm auseinanderziehen und auf die Backbleche legen.
1 Eigelb *1 EL Wasser*	und in einer Tasse verquirlen und die Grissini damit bepinseln.
Mohn, Sesam, Rosmarin, *Grobes Salz, Kümmel*	Nach Belieben bestreuen. In kalten Backofen schieben und mit **Ober-Unterhitze bei 200°C 13–18 Minuten** backen.

Nährwerte je 100 g:	272,12 kcal • 1138,28 KJ
8,68 g Eiweiß • 9,51 g Fett • 37,56 g KH • 2,99 g Ballaststoffe • 3,13 BE	

Tomaten-Käsebaguette

50 g Gouda	in den Mixtopf geben und **10 Sekunden / Stufe 6** zerkleinern. Umfüllen.
100 g Dinkel	in den Mixtopf geben und **40 Sekunden / Stufe 10** zerkleinern.
550 g Weizenmehl Type 405 *2 TL Salz* *30 g Hefe* *370 g warmes Wasser* *20 g Olivenöl*	Restliche Zutaten zugeben und **4 Minuten / Knetstufe** kneten. Zugedeckt 20 Minuten gehen lassen. Nochmals **40 Sekunden / Knetstufe** kneten. Teig halbieren, 2 Stangen formen und bis zur Hälfte der Stange mit Schere einschneiden.
Ca. 2 Tomaten	in Scheiben schneiden und je 1 Scheibe in die Schnittstelle legen.
Tomatengewürzsalz	Mit das Baguette bestreuen.
geriebener Käse	über das Baguette streuen. In den kalten Backofen schieben und bei **225°C Ober- / Unterhitze 25 Minuten** backen.

Nährwerte je 100 g: 201,05 kcal • 841,28 KJ

6,68 g Eiweiß • 3,22 g Fett • 35,72 g KH • 2,72 g Ballaststoffe • 2,98 BE

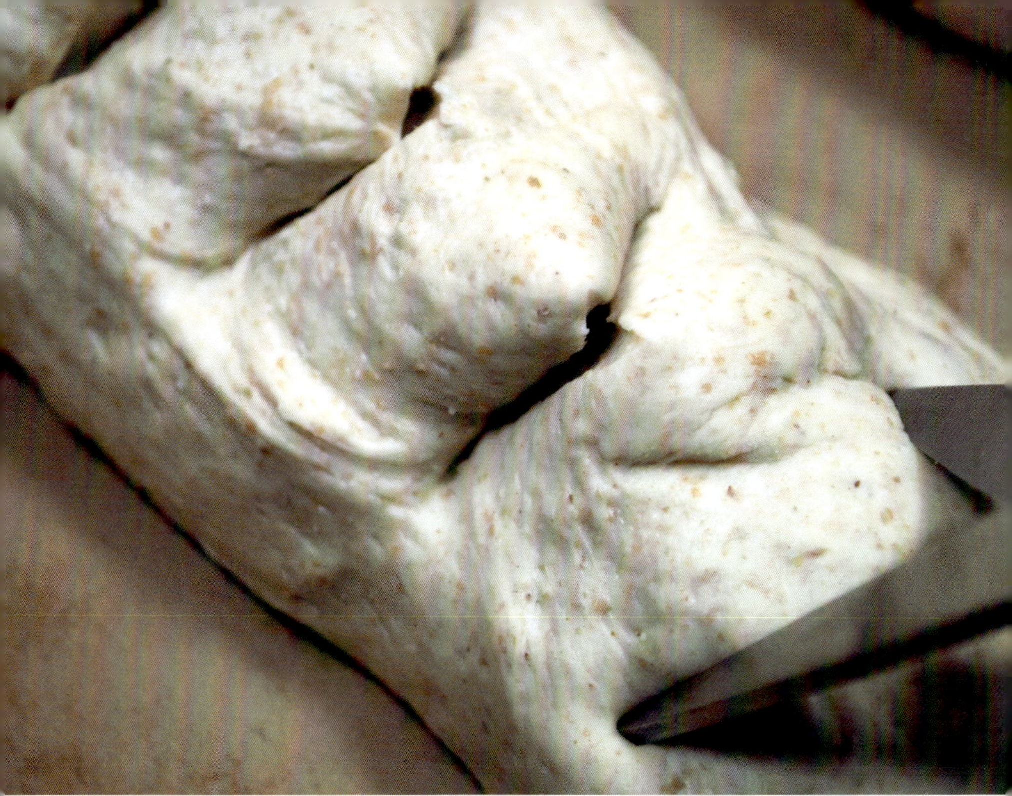

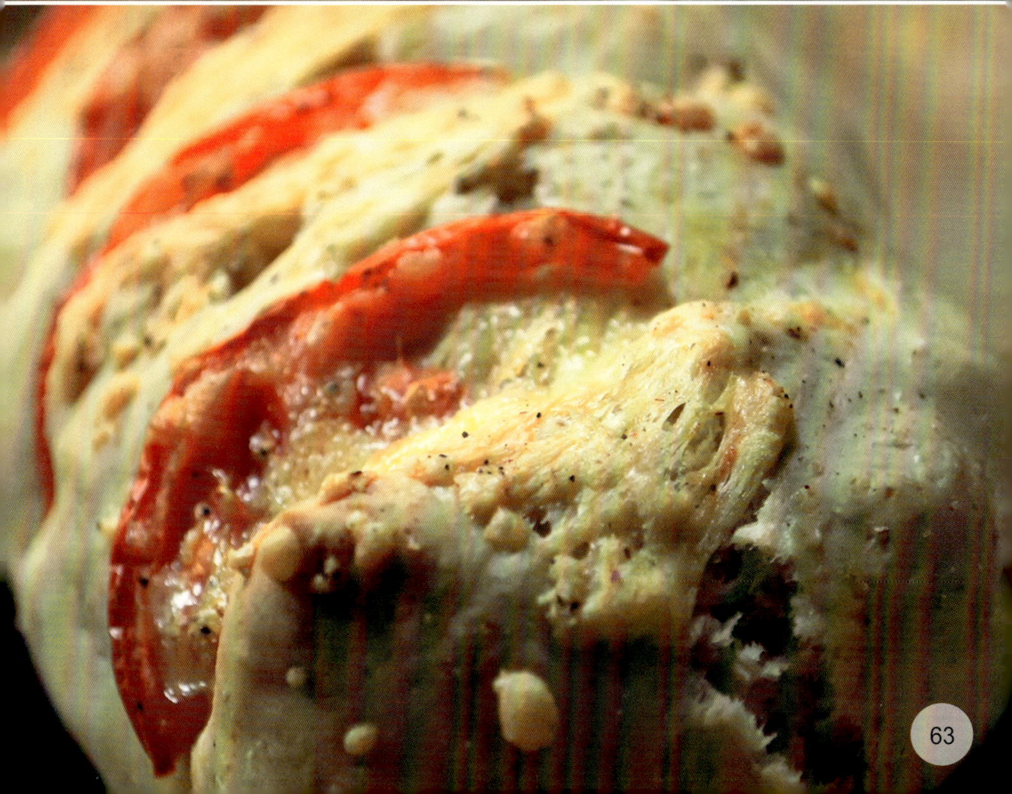

Vier-Käsefocaccia

Italienische Küche

500 g Weizenmehl Type 405
40 g Olivenöl
30 g Hefe
10 g Salz
260 g warmes Wasser

Zutaten für den Teig in Mixtopf geben und **2 ½ Minuten / Knetstufe** kneten. 15 Minuten im Mixtopf ruhen lassen.
Nochmals **20 Sekunden / Knetstufe** kneten.

Halbieren und 2 Fladenbrote formen. Eins davon auf ein gefettetes Backblech geben.

Füllung darauf verteilen und das zweite Fladenbrot darüberlegen. Die Seiten andrücken und zugedeckt 25 Minuten gehen lassen.

1 EL Olivenöl — über dem Fladenbrot verteilen.

Rosmarinnadeln — in kleinen Büscheln in den Teig stecken.

Füllung:

150 g Emmentaler — und
120 g Gouda — in den Mixtopf geben. **8 Sekunden / Stufe 6** zerkleinern.

200 g Schafskäse
150 g Ricotta
1 Ei, ½ TL Pfeffer — restliche Zutaten zugeben und **10 Sekunden / Stufe 5** vermischen.
Kleine Schüssel mit Wasser auf den Backofenboden stellen.

Bei **200°C (Ober- / Unterhitze)** auf unterer Schiebeleiste **30-35 Minuten** backen. Warm servieren!

Nährwerte je 100 g:	265,29 kcal • 1110,41 KJ
12,4 g Eiweiß • 13,23 g Fett • 23,93 g KH • 1,75 g Ballaststoffe • 2,0 BE	

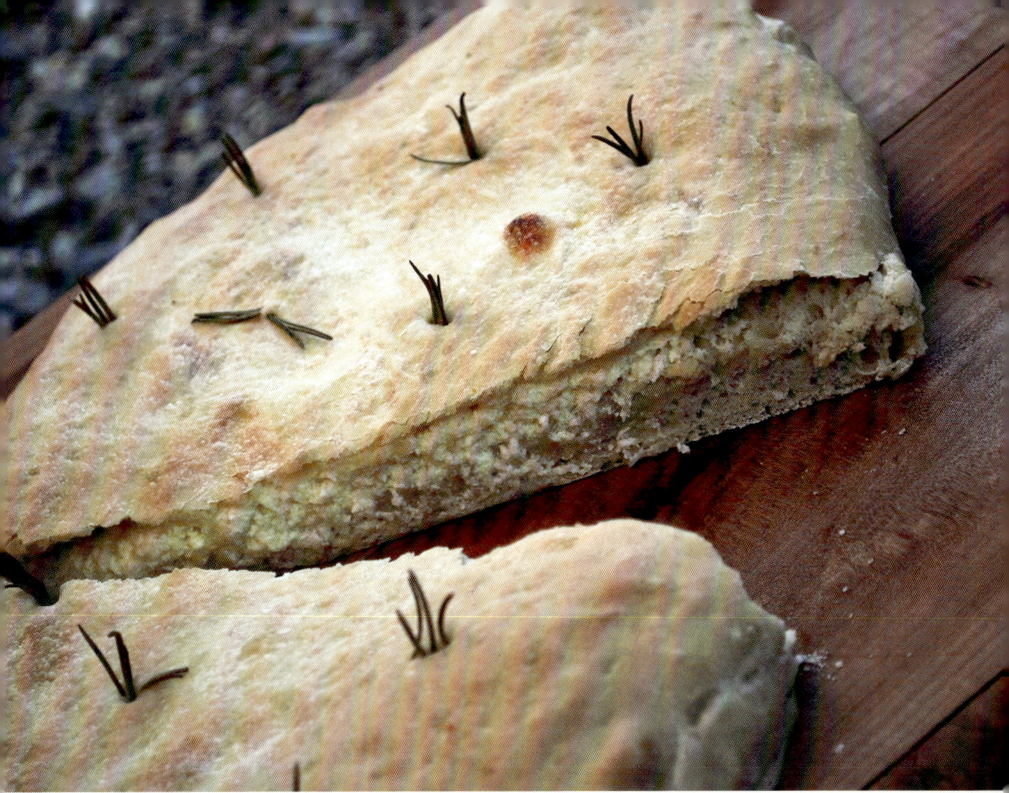

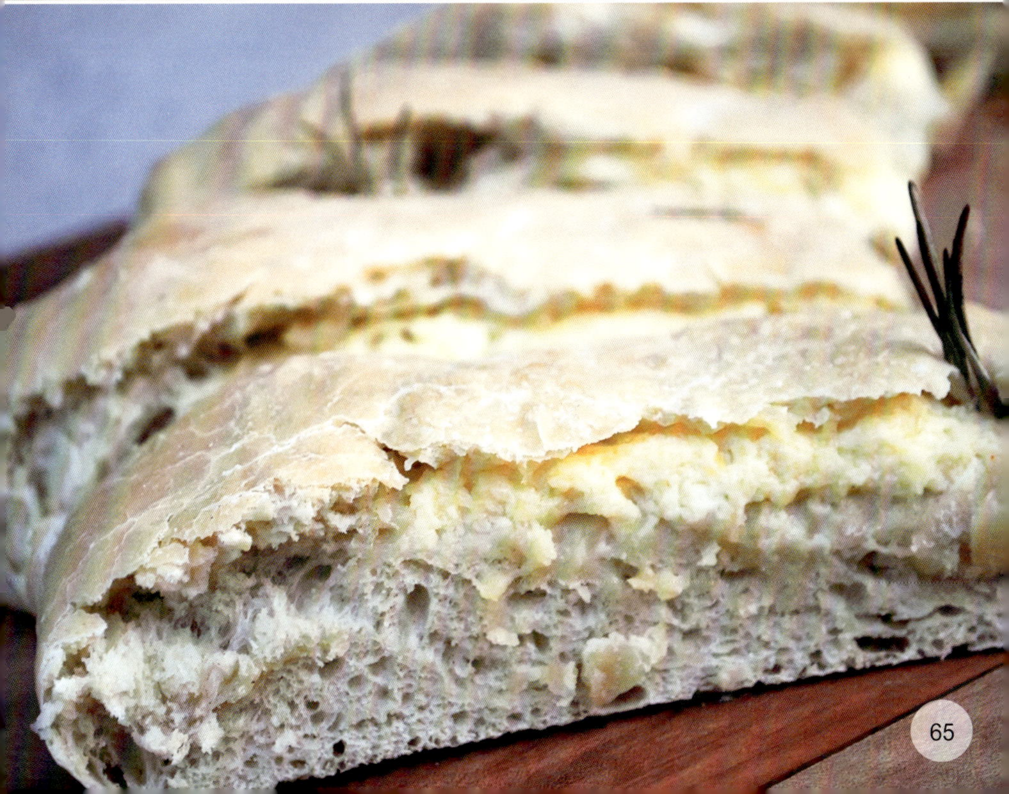

Erdbeerdessert mit Ricotta-Grappacreme

Saft 1 Zitrone	in Mixtopf geben.
6 Blatt Gelatine	einzeln in eine Schüssel Wasser geben und 10 Minuten einweichen. Ausdrücken und zum Zitronensaft geben. **1 Minute / 37°C / Stufe 2** erwärmen.
200 g Erdbeeren *70 g Johannisbeersaft* *20 g Vanillezucker*	mit und in den Mixtopf geben. **4 Sekunden / Stufe 6** vermischen.
300 g Erdbeeren	zugeben und **3 Sekunden / Stufe 4** zerkleinern. In eine Form zum Stürzen füllen und 2 Stunden kalt stellen.

 **TIPP:** *Ich habe eine Silikonform benutzt, da sie beim Stürzen elastisch ist.*

Creme:

150 g Ricotta *100 g Sahne* *40 g Zucker*	
1 Packung Vanillezucker *10 g Zitronensaft* *10 g Grappa*	alle Zutaten in den Mixtopf geben und **10 Sekunden / Stufe 5** mischen. Erdbeerdessert auf eine Platte stürzen. Mit Ricottacreme servieren!
Ungesalzene Pistazien	als Farbtupfer darüberstreuen.

Nährwerte je 100 g:	118,60 kcal • 496,94 KJ
3,10 g Eiweiß • 5,71 g Fett • 12,56 g KH • 1,05 g Ballaststoffe • 1,05 BE	

Erdbeer-Melisse-Sabayon

250 g Erdbeeren	Stielansatz entfernen, waschen, in den Mixtopf geben.
25 g Orangenlikör *15 g Zucker* *8 Zitronenmelisseblättchen*	und zugeben und **8 Sekunden / Stufe 9** pürieren.
250 g Erdbeeren	geputzt und geviertelt zugeben. **5 Sekunden / Linkslauf / Stufe 1** mischen. In Dessertschalen verteilen.

Sabayon herstellen:

Rühraufsatz einsetzen!

4 Eigelb *10 g Zucker* *1 Pck. Bourbon-Vanillezucker* *20 g Marsala*	Alle Zutaten in den Mixtopf geben und **8 Minuten / 70°C / Stufe 3** erhitzen. Die Sabayon auf den Erdbeeren verteilen und mit Zitronenmelisse- blättchen garniert servieren!

 **TIPP:** *Auch Amarettini schmecken gut dazu!*

Nährwerte je 100 g:	101,68 kcal • 426,09 KJ
2,74 g Eiweiß • 4,47 g Fett • 10,20 g KH • 1,52 g Ballaststoffe • 0,85 BE	

Amarettini

200 g geschälte Mandeln	in den Mixtopf geben und **5 Sekunden / Stufe 8** zerkleinern. Umfüllen.
	Mixtopf heiß mit etwas Spülmittel ausspülen.
130 g Zucker	**10 Sekunden / Stufe 10** pulverisieren. Umfüllen.
	Rühraufsatz einsetzen!
4 Eiweiß + 1 Prise Salz	in den Mixtopf geben und **3 Minuten / 37°C / Stufe 4** steif schlagen.
Puderzucker s. oben	zugeben und **3 Minuten / 37°C / Stufe 3** rühren.
gemahlene Mandeln ½ Fl. Bittermandelaroma	mit langsam bei laufendem Messer **Stufe 2** zugeben.

Mit 2 TL Häufchen auf ein mit Backpapier ausgelegtes Blech setzen und 20 Minuten im vorgeheizten Backofen bei **180°C Ober- / Unterhitze** (160°C Heißluft) backen.

Backofen auf **150°C Ober- / Unterhitze** (Heißluft 130°C) zurückschalten und nochmals 10 Minuten backen.

Mit Puderzucker bestäubt servieren!

Canestrelli (Mandelkringel)

Backofen auf 150°C vorheizen.

300 g geschälte Mandeln

in den Mixtopf geben und **6 Sekunden / Stufe 8** zerkleinern.

150 g Zucker
10 g Orangenlikör
25 g Wasser

Rest zugeben und **2 Minuten / Knetstufe** mit Hilfe des Spatels vermischen.

Teig fingerdick ausrollen und Kringel formen indem man den Teig um den Zeigefinger legt.

Auf ein gefettetes Backblech legen.

Im vorgeheizten Backofen bei **150°C Ober- / Unterhitze** auf oberster Schiene **15-20 Minuten** backen.

1 EL Orangenmarmelade
½ TL Zitronensaft

mit
vermischen und auf die warmen Kringel streichen.

In einer Blechdose aufbewahren.

Zitronenkuchen

Den Backofen auf **200°C** vorheizen.

120 g Butter

in Stücken in den Mixtopf geben.

40 g Zucker
1 Prise Salz
200 g Weizenmehl Type 405
1 Ei

Zucker, Salz, Mehl und Ei zugeben und **12 Sekunden / Stufe 5** mischen.
Dann noch ganz kurz mit der Hand durchkneten. Eine Kugel formen.

½ Stunde kaltstellen. In eine runde Kuchenform ⌀ 26 cm auslegen.
Einen kleinen Rand hochziehen.

Inzwischen:

3 Eier
100 g Zucker
60 g Butter
2 unbeh. Zitronen
(Saft und Schale)

mit den restlichen Zutaten in den Mixtopf geben und **6 Minuten / 80°C / Stufe 4** erhitzen.
Die Masse auf dem Mürbteig verteilen.

Im vorgeheizten Backofen **Ober- / Unterhitze** (180°C Heißluft) **20-25 Minuten** backen.

Nährwerte je 100 g: **361,09** kcal • **1512,55** KJ
6,45 g Eiweiß • **21,44 g** Fett • **35,5 g** KH • **0,95 g** Ballaststoffe • **2,96** BE

Zitronenmuffins

Rühraufsatz einsetzen!

4 Eiweiß + 40 g Zucker

in den Mixtopf geben und **4 Minuten / 37°C / Stufe 4** steifschlagen.

Rühraufsatz entfernen! Umfüllen und kühl stellen.

100 g Butter
4 Eigelb
50 g Zucker
1 Päckchen Vanillezucker

in den Mixtopf geben und **3 Minuten / Stufe 5** schaumig schlagen.

100 g Dinkelmehl Type 630
60 g Speisestärke
Schale und Saft
von 1 ½ Bio-Zitronen (heiß abgewaschen)
1 TL Backpulver

Alle Zutaten zugeben und **10 Sekunden / Stufe 6** mischen. Masse zum Eiweiß geben und vorsichtig unterheben.

In Muffinsblech verteilen.

Bei **180°C Ober- / Unterhitze ca. 25 Minuten** backen.

30 g Puderzucker
Zitronensaft

mit
in kleinem Schälchen mischen, bis eine dickflüssige Zuckercreme entstanden ist und die Muffins damit dekorieren.

 **TIPP:** *Statt Zitronensaft für den Guss ca. 1 EL Cassislikör nehmen und mit 30 g Puderzucker mischen.*

Nährwerte je 100 g: **329,43** kcal •**1380,68** KJ
6,25 g Eiweiß • **16,20 g** Fett • **39,09 g** KH • **0,94 g** Ballaststoffe • **3,26** BE

Fruchtiger Prosecco

20 g Zucker

in Mixtopf geben und **10 Sekunden / Stufe 10** pulverisieren.

100 g gefr. Himbeeren
4 grüne Feigen
aus der Dose gefroren
20 g Zitronenlikör

Früchte und Likör in den Mixtopf geben. **3 Sekunden / Stufe 9** mixen.

1 Flasche Prosecco

bei laufendem Messer / **Stufe 6** in den Deckel gießen.

Sofort servieren!

Nährwerte je 100 g:	85,58 kcal • 357,87 KJ
0,33 g Eiweiß • 0,06 g Fett • 6,79 g KH • 0,84 g Ballaststoffe • 0,56 BE	

Griechenland

Artischockencreme

Griechische Küche

1 Knoblauchzehe	mit
10 Blätter Basilikum	in den Mixtopf geben und **5 Sekunden / Stufe 5** zerkleinern.
1 Glas Artischockenherzen (285 g Füllgewicht)	abtropfen lassen, die Flüssigkeit auffangen.
10 g Einlegeflüssigkeit der Artischocke	in den Mixtopf geben!
100 g Fetaschafskäse	
5 g Zitronensaft	
1 Prise Kreuzkümmel	
Pfeffer	Rest zugeben und **5 Sekunden / Stufe 5** vermischen und mit Gewürzen abschmecken.

Nährwerte je 100 g: 71,31 kcal • 300,05 KJ
5,43 g Eiweiß • **4,72 g** Fett • **1,74 g** KH • **5,23 g** Ballaststoffe • **0,15** BE

Griechischer Bauernsalat

1 Schalotte	schälen, halbieren und im Mixtopf **5 Sekunden / Stufe 5** zerkleinern.
6 Oliven, ohne Kerne	
100 g Weißkraut, in Stücken	
1 gelbe Paprika, in Stücken	
220 g Gurke, in Stücken	
2 feste Tomaten, halbiert	
1 TL Kapern, 1 TL Oregano	
100 g Feta, in Stücken	
20 g Olivenöl, 1 gestr. TL Salz	
1 EL Balsamico bianco	
frisch gemahlener Pfeffer	Restliche Zutaten zugeben und **4 Sekunden / Stufe 4** mithilfe des Spatels zerkleinern.

Nährwerte je 100 g: 65,89 kcal • 276,93 KJ
2,64 g Eiweiß • **4,68 g** Fett • **3,14 g** KH • **1,45 g** Ballaststoffe • **0,24** BE

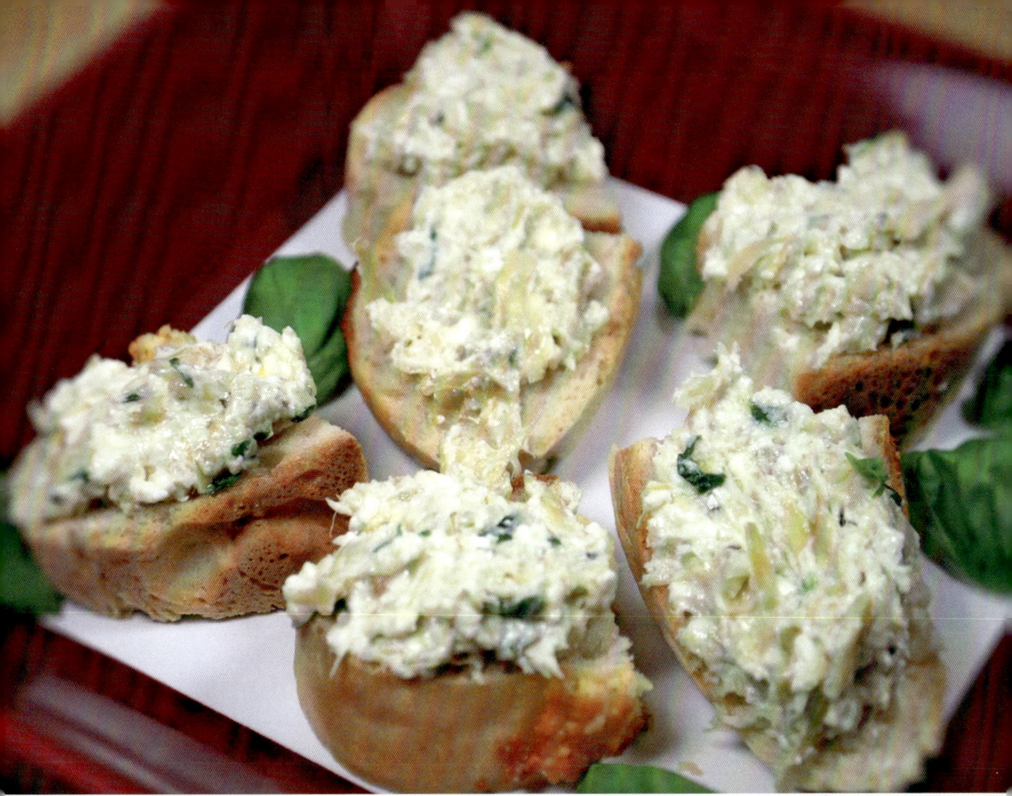

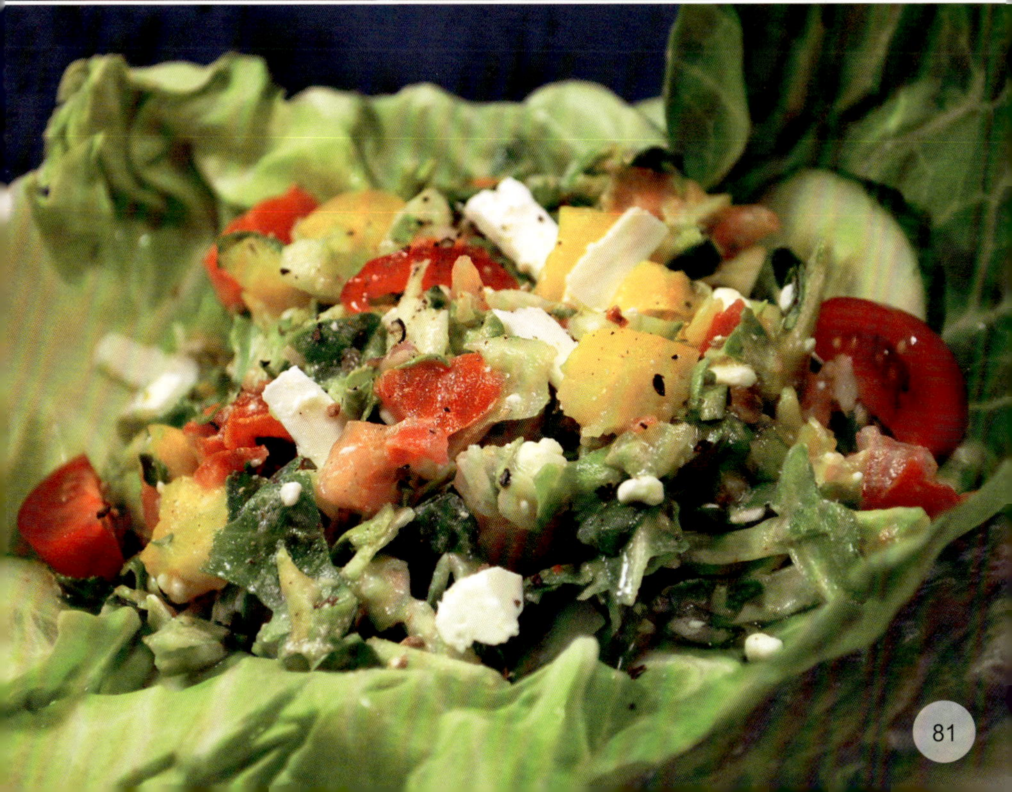

Gyros-Schichtsalat

250 g Salatgurke, in Stücken
½ TL Salz

und
in den Mixtopf geben und **4 Sekunden / Stufe 4** zerkleinern. In ein Sieb geben und abtropfen lassen.

Mit Gabel ausdrücken.

Joghurtsoße:

300 g Vollmilchjoghurt
20 g Olivenöl
½ TL Pfeffer
Schale ½ unbeh. Zitrone
2 TL griech. Gewürz

(fertig gekauft oder zubereitet nach Rezept auf Seite 120)

Joghurt mit Gewürzen und Öl in den Mixtopf geben und **8 Sekunden / Stufe 3** vermischen. Umfüllen.

Der Topf braucht nicht gereinigt werden.

200 g Weißkraut, in Stücken
5 g Obstessig
Kräutersalz, Pfeffer

und
in den Mixtopf geben und **5 Sekunden / Stufe 4** zerkleinern. Umfüllen.
Mixtopf säubern.

300 g Putenschnitzel
2 TL Gyrosgewürz (nach dem Rezept auf Seite 121)
1 EL Olivenöl

in Streifen schneiden, mit

würzen und mit
einreiben.

1 Knoblauchzehe
½ Zwiebel

in den Mixtopf geben,
schälen, halbieren, zugeben und
5 Sekunden / Stufe 5 zerkleinern.

10 g Olivenöl

zugeben und **3 Minuten / Garstufe / Stufe 2** dünsten.

Putengeschnetzeltes, s. oben

zugeben und **12 Minuten / Links-**

Nährwerte je 100 g:	74,56 kcal • 312,42 KJ
6,59 g Eiweiß • 3,91 g Fett • 3,01 g KH • 0,93 g Ballaststoffe • 0,25 BE	

	lauf / 100°C / Stufe 1 erhitzen.
	Umfüllen und abkühlen lassen.
2 Tomaten	halbieren, den Stielansatz heraus-schneiden und in Scheiben schnei-den.
	In einer Schüssel erst Joghurtsoße, Gurke, Joghurtsoße, Tomaten-scheiben, Joghurtsoße, Weiß-kraut, Joghurtsoße, Geschnetzel-tes schichten. Mit Joghurtsoße abschließen.
½ Zwiebel	in Ringe schneiden und darüber ver-teilen.
Thymian, Rosenpaprika	darüberstreuen.
	Gekühlt servieren!

Griechischer Dip

100 g Zucchini *1 EL Olivenöl*	in Scheiben schneiden,
Salz & Pfeffer	leicht würzen und mit Olivenöl in einer beschichteten Pfanne anbra-ten.
	Abkühlen lassen.
1 Knoblauchzehe	mit
10 Blättchen Basilikum	in den Mixtopf geben. **4 Sekunden / Stufe 5** zerkleinern.
Zucchinischeiben, s. oben *200 g Schafskäse*	zugeben.
200 g Frischkäse	Käse und Gewürze zugeben und **8 Sekunden / Stufe 5** mischen.
Salz, Pfeffer, Thymian	Abschmecken.

Nährwerte je 100 g:	243,03 kcal • 1018,51 KJ
11,19 g Eiweiß • 21,41 g Fett • 1,78 g KH • 0,32 g Ballaststoffe • 0,15 BE	

Panierte Schafskäsewürfel

1 altes Weckle	
1 TL Thymian	
1 TL Basilikum	
Salz, Pfeffer	in Stücken mit dem Gewürz in den Mixtopf geben und **10 Sekunden / Stufe 8** zerkleinern. In einen Teller umfüllen.
200 g Schafskäse	in Würfel schneiden.
Anislikör	über die Käsewürfel träufeln und die Würfel in dem Paniermehl wenden.

In einer gefetteten Auflaufform bei **200°C Ober- / Unterhitze** oder auf dem Grill **15 Minuten** backen.

Nährwerte je 100 g:	247,27 kcal • 1036,95 KJ
15,87 g Eiweiß • 16,61 g Fett • 7,59 g KH • 0,83 g Ballaststoffe • 0,63 BE	

Quarkdip

1 Knoblauchzehe	in den Mixtopf geben. **5 Sekunden / Stufe 5** zerkleinern.
50 g Zucchini	
50 g getr. eingelegte Tomaten	in den Mixtopf geben. **3 Sekunden / Stufe 4-5** zerkleinern.
100 g saure Sahne 10% Fett	
250 g Magerquark	
5 g Weissweinessig	
½ TL Salz	
frisch gem. Pfeffer	Restliche Zutaten zugeben und **8 Sekunden / Stufe 3** mischen. Abschmecken.

Nährwerte je 100 g:	86,10 kcal • 361,20 KJ
8,88 g Eiweiß • 2,99 g Fett • 5,09 g KH • 0,16 g Ballaststoffe • 0,28 BE	

Zucchiniaufstrich

Griechische Küche

1 TL Kapern	in den Mixtopf geben. **5 Sekunden / Stufe 5** zerkleinern.
200 g Zucchini	in Stücken in den Mixtopf **geben. 5 Sekunden / Stufe 4** zerkleinern.
10 g Chiliöl	zugeben und **3 Minuten / Garstufe / Stufe 1** dünsten.
15 g Sardellen	zugeben und **5 Sekunden / Stufe 4** zerkleinern.
250 g Magerquark *1 TL Zitronensaft* *Salz, frisch gem. Pfeffer*	Restliche Zutaten zugeben und **8 Sekunden / Stufe 3** vermischen.

 **TIPP:** *als Fingerfood auf Cracker, Zucchini- oder Gurkenscheiben spritzen und mit Chili oder Paprikapulver bestreuen.*

Nährwerte je 100 g: 73,39 kcal • 307,89 KJ
8,29 g • Eiweiß • 2,60 g Fett • 3,74 g KH • 0,58 g Ballaststoffe • 0,31 BE

Kresseaufstrich

1 Knoblauchzehe	in den Mixtopf geben. **5 Sekunden / Stufe 5** zerkleinern.
250 g Magerquark *125 g Vollmilchjoghurt* *1 TL Zitronensaft* *½ Kästchen Kresse* *frisch gem. Pfeffer* *Salz*	Restliche Zutaten zugeben und **8 Sekunden / Stufe 3** mischen.

Nährwerte je 100 g: 72,65 kcal • 304,35 KJ
9,86 g Eiweiß • 1,38 g Fett • 4,41 g KH • 0,08 g Ballaststoffe • 0,36 BE

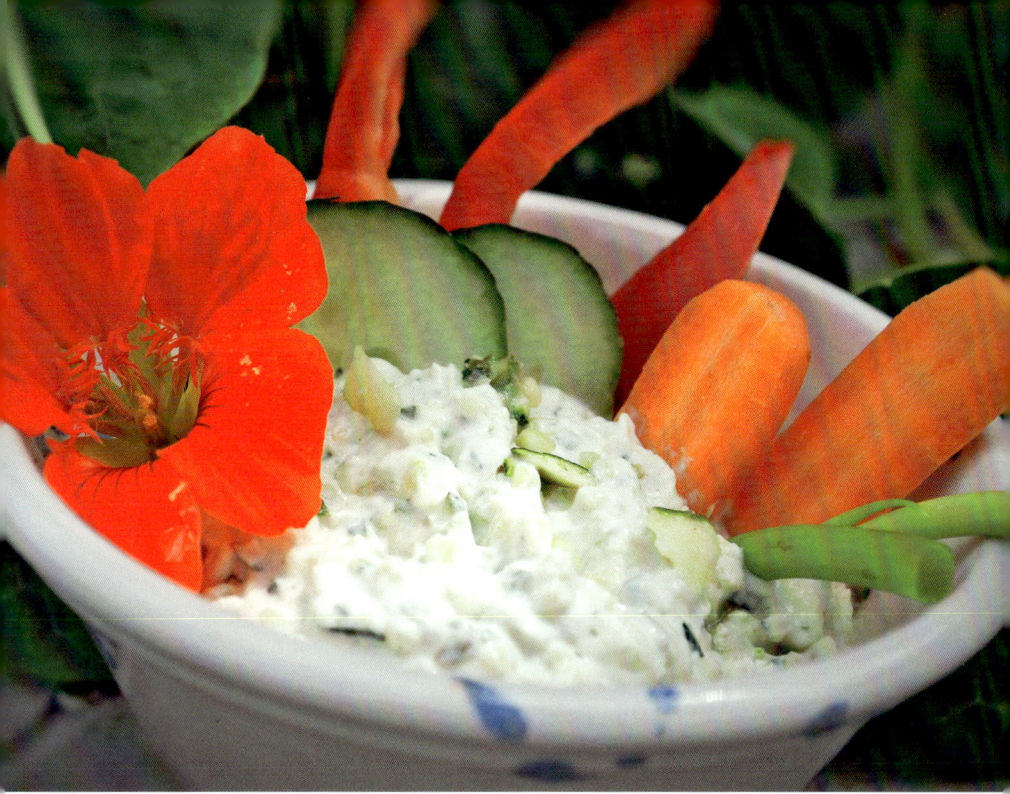

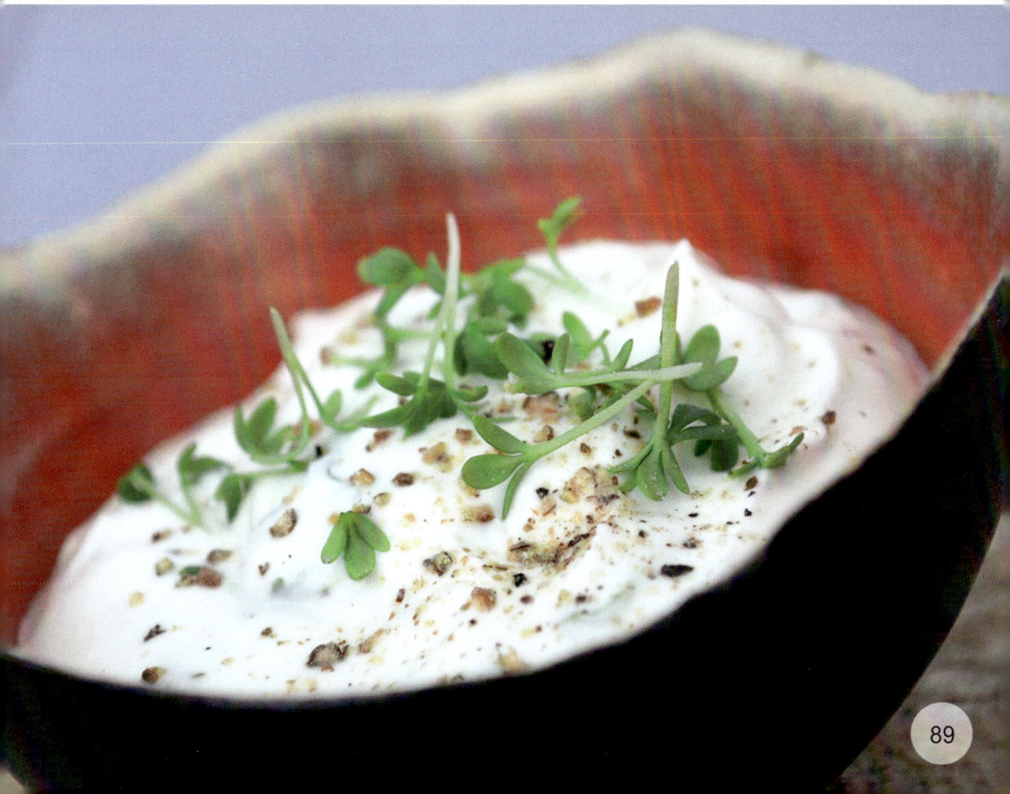

Olivenaufstrich

1 Knoblauchzehe — in den Mixtopf geben. **5 Sekunden / Stufe 5** zerkleinern.

100 g Oliven, eingelegt in Kräuter
50 g eingelegter Paprika — zugeben und **3 Sekunden / Stufe 4** zerkleinern.

200 g Frischkäse
10 Tropfen Worcestersoße
frisch gem. Pfeffer — Restliche Zutaten und **5 Sekunden / Stufe 3** vermischen.

Nährwerte je 100 g:	234,50 kcal • 982,17 KJ
6,78 g Eiweiß • **21,80 g** Fett • **2,69 g** KH • **0,97 g** Ballaststoffe • **0,23** BE	

Scharfe Quarkcreme

1 Handvoll gem. Kräuter
1 kleine rote Peperoni
1 kleine Zwiebel, halbiert — Alles in den Mixtopf geben. **5 Sekunden / Stufe 5** zerkleinern.

250 g Magerquark
150 g Sauerrahm
10 g Senf
Salz, Pfeffer — Restliche Zutaten zugeben und **6 Sekunden / Stufe 4** mischen.

Nährwerte je 100 g:	86,68 kcal • 362,63 KJ
8,87 g Eiweiß • **3,61 g** Fett • **4,06 g** KH • **0,28 g** Ballaststoffe • **0,34** BE	

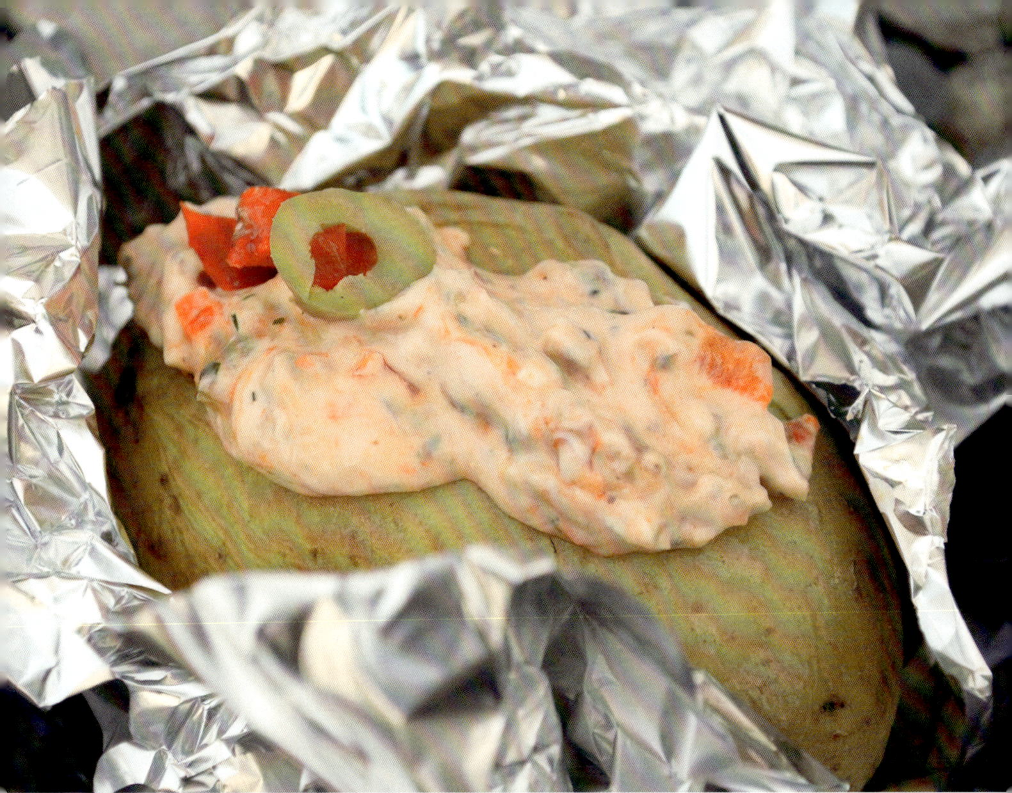
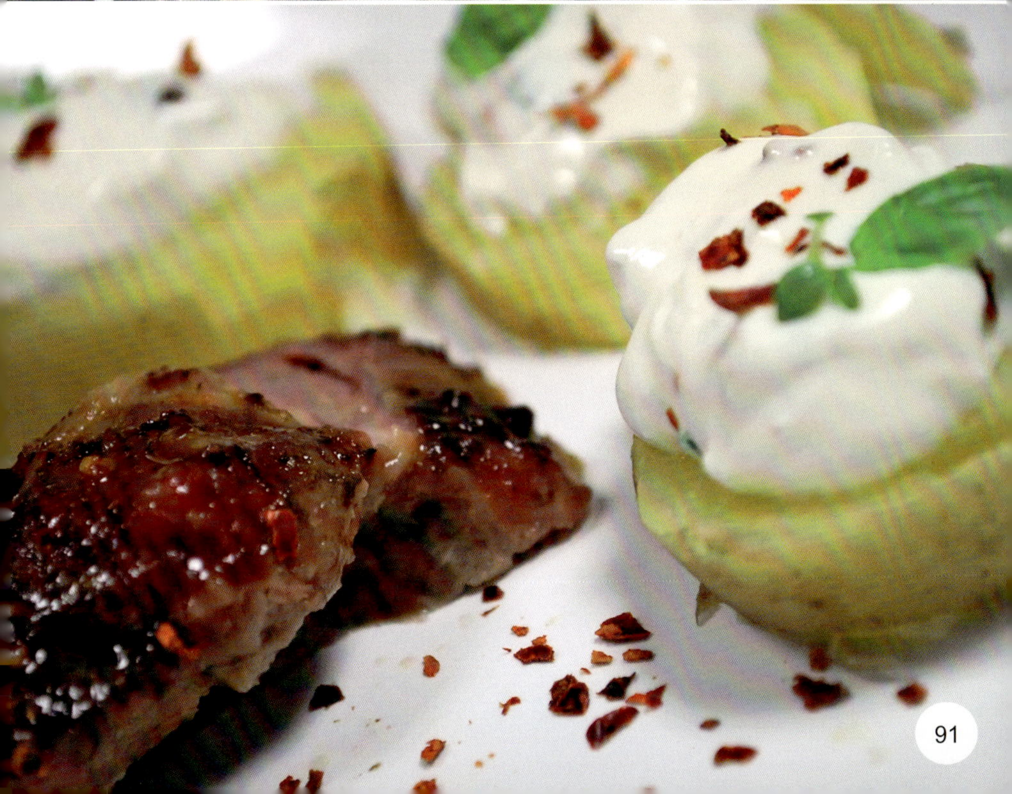

Schalottensalat

500 g Schalotten	enthäuten, große Schalotten längs halbieren und in das Garkörbchen geben.
1250 g heißes Wasser *1 TL Salz* *1 TL Thymian*	und in den Mixtopf geben.
	Garkörbchen einhängen. Den Topf verschließen.
150 g Spargel	schälen, holzige Enden entfernen und in 2 cm große Stücke schneiden. In den Garaufsatz geben.
200 g Brokkoli	putzen, in Röschen teilen und zu Spargeln geben.
1 TL gekörnte Gemüsebrühe	über das Gemüse streuen.
	Garaufsatz auf den Deckel setzen und **20 Minuten / Garstufe / Stufe 2** garen.
	Schalotten abtropfen und mit dem Gemüse in eine Schüssel geben. Etwas auskühlen lassen.
1 Handvoll Petersilie, ohne Stiel	in den Mixtopf geben, **4 Sekunden / Stufe 5** zerkleinern.
30 g Akazienhonig *40 g Olivenöl* *20 g Weißweinessig* *10 g Dijonsenf* *Salz & Pfeffer*	Restliche Zutaten zugeben und **10 Sekunden / Stufe 5** mischen. Über das Gemüse geben und abschmecken.
Nach Belieben: *1 EL Sesam, geschält*	in einer beschichteten Pfanne anrösten. Über den Salat geben und sofort servieren!

Nährwerte je 100 g: **71,43** kcal • **299,55** KJ

2,10 g Eiweiß • **4,65 g** Fett • **5,16 g** KH • **1,81 g** Ballaststoffe • **0,43 BE**

Hühner-Zitronensuppe

1 Zwiebel	schälen, in den Mixtopf geben und **4 Sekunden / Stufe 5** zerkleinern.
200 g Hähnchenbrustfilet	in Streifen geschnitten zugeben.
20 g Olivenöl	zugeben und **4 Minuten / Garstufe / Stufe 1** andünsten.
1 Frühlingszwiebel	in Scheibchen geschnitten zugeben.
2 Möhren	in Scheiben geschnitten zugeben.
1000 g heißes Wasser *3 TL gekörnte Gemüsebrühe* *60 g Reis*	und zugeben. **20 Minuten / 100°C / Linkslauf / Stufe 1** kochen.
2 Eier *Saft ½ Zitrone*	mit in Brühe geben und **5 Sekunden / Stufe 1** rühren. Nochmals **2 Minuten / 90°C / Linkslauf / Stufe 1** erhitzen.
Pfeffer & Salz	Mit abschmecken.

Nährwerte je 100 g: 58,90 kcal • 246,50 KJ

4,94 g Eiweiß • 2,38 g Fett • 4,29 g KH • 0,41 g Ballaststoffe • 0,36 BE

Fischsuppe

1 Knoblauchzehe	schälen, mit
1 Zwiebel	geschält und halbiert in den Mixtopf geben. **4 Sekunden / Stufe 5** zerkleinern.
20 g Olivenöl	zugeben und **3 Minuten / Garstufe / Stufe 2** dünsten.
3 Tomaten	halbieren, Stielansatz entfernen und in den Mixtopf geben.
1 Handvoll Petersilie, ohne Stiel	zusammen mit den Tomaten **8 Sekunden / Stufe 7** zerkleinern.
300 g Schollenfilet	waschen, in große Würfel schneiden und zugeben.

Saft 1 Zitrone
100 g Möhren, in Scheiben
50 g Staudensellerie, in Scheibchen
300 g Kartoffeln, in Scheiben
850 g heißes Wasser
3 geh. TL gekörnte Gemüsebrühe
Pfeffer

Alle Zutaten zugeben und **20 Minuten / Linkslauf / 100°C / Sanftrührstufe (Kochlöffel)** garen.

200 g gekochte Krabben

zugeben und nochmals **5 Minuten / Linkslauf /100°C / Sanftrührstufe (Kochlöffel)** erhitzen.

Sofort servieren!

Nährwerte je 100 g: **50,39** kcal • **211,27** KJ
5,48 g Eiweiß • **1,51 g** Fett • **3,46 g** KH • **0,78 g** Ballaststoffe • **0,29** BE

96

Cremige Knoblauchsuppe

3 Knoblauchzehen	in den Mixtopf geben und **4 Sekunden / Stufe 5** zerkleinern.
	Knoblauchstückchen mit dem Spatel nach unten schieben.
10 g Olivenöl	zugeben und **3 Minuten / Garstufe / Stufe 1** dünsten.
1000 g heißes Wasser *1 TL schwarze Pfefferkörner* *2 Lorbeerblätter* *1 TL Thymian* *2 geh. TL gekörnte Gemüse-brühe*	Garkörbchen einhängen und Wasser mit Gewürzen zugeben. **10 Minuten / 100°C / Stufe 1** kochen. Garkörbchen aus dem Mixtopf herausnehmen.
200 g Fetaschafskäse, in Stücken *200 g Sauerrahm 20% Fett* *30 g Weizenmehl Type 405*	mit zugeben.
	10 Sekunden / Stufe 6 verrühren. Dann **10 Minuten / 90°C / Stufe 2** köcheln.
2 Eier	bei **laufendem Messer/ Stufe 4** zugeben und **2 Minuten / 90°C / Stufe 2** weiterrühren.
Salz & Pfeffer	Mit eventuell nachwürzen.

TIPP: *Mit Basilikum bestreut und geröstetem Weiß-brot servieren!*

Bohnentopf

10 g Petersilie, ohne Stiel	in den Mixtopf geben und **4 Sekunden / Stufe 6** zerkleinern. Umfüllen.
500 g Kartoffeln	schälen, waschen und in Scheiben schneiden. Im Garaufsatz verteilen.
1 Knoblauchzehe	in den Mixtopf geben.
1 Zwiebel	schälen und zugeben. **3 Sekunden / Stufe 5** zerkleinern. Zwiebel von den Wänden nach unten schieben.
10 g Olivenöl	zugeben und **3 Minuten / Garstufe / Stufe 1** dünsten.
400 g Hackfleisch, gemischt	mit
Salz, Pfeffer, Muskat	würzen und zugeben. **4 Minuten / Garstufe / Stufe 1** erhitzen.
	Garaufsatz (mit den Kartoffeln) auf einen tiefen Teller stellen, damit keine Flüssigkeit auf die Arbeitsfläche tropft.
	Das Hackfleisch über den Kartoffeln verteilen.
1 Dose weiße Bohnen (abgetr. 500 g)	in das Garkörbchen umfüllen und abtropfen lassen.
1 Dose Pizzatomaten (400 g)	Zuerst die Bohnen, dann die Tomaten über dem Hackfleisch verteilen.
	Mit
Rosenpaprika, Pfeffer *1 TL gekörnte Gemüsebrühe*	und kräftig würzen.
200 g Fetaschafskäse	in Würfel schneiden und über den Tomaten verteilen.
500 g heißes Wasser *2 TL gekörnte Gemüsebrühe*	und in den Mixtopf geben, Garaufsatz

---

Nährwerte je 100 g: **99,80** kcal • **418,00** KJ

7,42 g Eiweiß • **5,22 g** Fett • **5,62 g** KH • **1,44 g** Ballaststoffe • **0,47** BE

aufsetzen und **30 Minuten / Garstu-fe / Stufe 2** kochen.

100 g Sauerrahm 10% Fett
20 g Weizenmehl Type 405

mit
zu dem Kochsud geben und **2 ½ Minuten / 100°C / Stufe 4** kochen.

Vor dem Servieren den Bohnentopf mit Petersilie bestreuen und anrich-ten! Schmeckt gut mit Fladenbrot!

Soße mit Metaxa

1 Zwiebel

schälen, halbieren und in den Mix-topf geben.

150 g rote Paprika

putzen, in Stücken zugeben und **4 Sekunden / Stufe 5** zerkleinern.

10 g Olivenöl

zugeben und **3 Minuten / Garstufe / Stufe 1** dünsten.

50 g heißes Wasser
80 g Roséwein

mit
zugeben und **10 Minuten / 100°C / Stufe 1** kochen.

40 g Tomatenmark
100 g Sahne

und
zugeben, **10 Sekunden / Stufe 5** mischen.

Mit

½ TL Salz, Pfeffer
Rosenpaprika

und
abschmecken und **15 Minuten / 90°C / Stufe 2** ohne Messbecher kochen.

20 g Metaxa

zugeben und nochmals **5 Minuten / 90°C / Stufe 2** kochen.

5 Sekunden / Stufe 7 pürieren. Nochmals abschmecken.

 **TIPP:** *Als Dip zum gegrillten Fleisch und Gemüse servieren.*

Grillgemüse

Entweder auf dem Grill in einem Alufolienpäckchen zubereiten oder im mit Alufolie ausgelegten Garaufsatz!

1 rote Paprika — halbieren, entkernen, waschen und in Streifen schneiden. In den Garaufsatz geben.

1 kleine Zucchini — in Scheiben geschnitten zugeben.

200 g Champignons — geputzt und halbiert zugeben.

200 g Coctailtomaten — zugeben.

Panade zubereiten:

1 Knoblauchzehe
20 g Pinienkerne
je 1 Handvoll Basilikum und Petersilie — in den Mixtopf geben. **6 Sekunden / Stufe 5** zerkleinern.

30 g Balsamico bianco
40 g Olivenöl
Pfeffer
200 g Fetakäse — Alle Zutaten zugeben. **5 Sekunden / Stufe 4** mischen. Abschmecken und über dem Gemüse verteilen.

250 g heißes Wasser — in den Mixtopf geben und Garaufsatz auf den Deckel setzen. Dann das Gemüse **20 Minuten / Garstufe / Stufe 2** dämpfen..

Nährwerte je 100 g: 118,82 kcal • 497,71 KJ
5,32 g Eiweiß • 9,47 g Fett • 3,02 g KH • 1,56 g Ballaststoffe • 0,18 BE

Fischgulasch im Gemüsebett

Griechische Küche

150 g Reis	in Garkörbchen geben.
1 Knoblauchzehe	in den Mixtopf geben und **5 Sekunden / Stufe 5** zerkleinern.
1 Dose Pizzatomaten *600 g heißes Wasser* *2 geh. TL gekörnte Gemüsebrühe* *Cayennepfeffer*	Restliche Zutaten zugeben. Garkörbchen einsetzen und Deckel verschließen.
300 g Fischfilet *Kräutersalz* *Pfeffer* *1 EL Senf* *Saft ½ Zitrone*	würfeln, mit säuern, würzen und im Garaufsatz verteilen.
1 Frühlingszwiebel	in Scheibchen geschnitten über dem Fisch verteilen.
½ Gurke	heiß abwaschen, halbieren und in Scheiben schneiden. Um den Fisch verteilen.
1 Paprika, rot	geputzt und in Streifen geschnitten zugeben.
2 TL gekörnte Gemüsebrühe	Mit Gemüse würzen.
100 g Fetakäse	gewürfelt über dem Gemüse verteilen.
	Garaufsatz auf den Deckel setzen und **30 Minuten / Garstufe / Stufe 2** kochen.
Brühe	im Mixtopf lassen.

Nährwerte je 100 g: **69,45** kcal • **291,13** KJ
5,44 g Eiweiß • **1,59 g** Fett • **8,09 g** KH • **0,66 g** Ballaststoffe • **0,67 BE**

½ TL Chiliflocken

25 g Weizenmehl Type 405

Restliche Zutaten in Mixtopf geben und **2 Minuten / 100°C / Stufe 4** kochen.

 **TIPP:** *Schmeckt auch super ohne Fisch!*

Kohlrabicremesuppe

1 Frühlingszwiebeln

in Stücken in den Mixtopf geben.

200 g Kartoffeln, geschält
350 g Kohlrabi
150 g Möhren

Das Gemüse in Stücken zugeben und **5 Sekunden / Stufe 5** zerkleinern.

30 g Butter

zugeben und **3 Minuten / Garstufe / Stufe 1** andünsten.

¾ Liter heißes Wasser
3 TL gekörnte Gemüsebrühe

zugeben und **20 Minuten / 100°C / Stufe 2 ½** kochen.

100 g Sauerrahm 10% Fett
1 Handvoll Kräuter

zugeben und **30 Sekunden / 100°C / Stufe 8** pürieren.

Mit

Salz, Pfeffer

abschmecken.

In Tellern verteilen und mit einem Klecks Sauerrahm und Schnittlauchröllchen garnieren.

Nährwerte je 100 g: 39,49 kcal • 165,35 KJ

1,19 g Eiweiß • 2,28 g Fett • 3,44 g KH • 1,00 g Ballaststoffe • 0,28 BE

Pizza auf griechische Art

500 g Weizenmehl Type 405
½ Würfel Hefe
280 g warmes Wasser
20 g Olivenöl, 2 TL Salz   Alle Zutaten in den Mixtopf geben.
2 Minuten / Knetstufe kneten.

Auf einem mit Olivenöl ausgestrichenem Blech verteilen und Belag zubereiten.

3 Fleischtomaten   in Scheiben geschnitten auf dem Teig verteilen und mit

Griech. Gewürzmischung
Pfeffer   (nach Rezept auf Seite 120) und würzen.

1 Knoblauchzehe   in den Mixtopf geben. **4 Sekunden / Stufe 5** zerkleinern.

400 g Rinderhackfleisch   mit
Griech. Gewürzmischung, Pfeffer würzen (fertig gekauft oder nach Rezept auf Seite 120 zubereitet) und

20 g Olivenöl   in den Mixtopf zugeben.
4 Minuten / Garstufe / Linkslauf / Stufe 1 dünsten.
Auf den Tomaten verteilen.

1 kleine Salatgurke   schälen, längs halbieren und in ½ cm dicke Scheiben schneiden.

Mit

4 Frühlingszwiebeln,
in Ringe geschnitten   auf Hackfleisch verteilen.

Mit

Salz & Pfeffer   würzen.

200 g Fetaschafskäse   würfeln und auf der Pizza verteilen. In den kalten Ofen schieben und bei **220°C Ober- / Unterhitze ca. 20–25 Minuten** backen.

Nährwerte je 100 g:	165,07 kcal • 691,24 KJ
8,22 g Eiweiß • 6,52 g Fett • 18,13 g KH • 1,55 g Ballaststoffe • 1,51 BE	

Kreolischer Reis

150 g Wildreis	in das Garkörbchen geben.
1 Knoblauchzehe	und
2 Zwiebeln	in den Mixtopf geben und **3 Sekunden / Stufe 5** zerkleinern.
10 g Olivenöl	zugeben und **3 Minuten / Garstufe / Stufe 1** dünsten.
1000 g heißes Wasser	
120 g Roséwein	und
2 TL gekörnte Gemüsebrühe	in den Mixtopf geben. Garkörbchen einsetzen. Deckel verschließen.
1 Schweinefilet (ca. 500 g)	in 2 cm dicke Stücke schneiden und mit
Salz & Pfeffer	würzen. Im Garaufsatz verteilen.
4 Pfirsichhälften	in Scheiben geschnitten im Einlegeboden vom Garaufsatz verteilen.
200 g grüne Weintrauben	waschen, halbieren, entkernen und zugeben.
1 rote Paprikaschote	entkernt, gewaschen, in Streifen geschnitten zugeben.
Salz & Pfeffer	würzen. Garaufsatz auf den Deckel setzen und **30 Minuten / Garstufe / Stufe 2** garen.
Brühe	im Mixtopf lassen, evtl. mit heißem Wasser bis zu einem ½ Liter auffüllen.
	Reis in eine große Schüssel umfüllen und gedämpftes Gemüse und Obst unterheben. Fleisch darüberlegen.

Für die Soße:

100 g Sahne

Nährwerte je 100 g:	84,99 kcal • 355,38 KJ
5,36 g Eiweiß • 2,32 g Fett • 9,36 g KH • 0,78 g Ballaststoffe • 0,78 BE	

1 TL Rosenpaprika
1 TL gekörnte Gemüsebrühe
40 g Weizenmehl Type 405

Sahne mit Gewürz und Mehl zur Brühe in den Mixtopf geben.
3 Minuten / 100°C / Stufe 4 kochen.

Mit

Pfeffer

abschmecken.

Gefülltes Gebäck

250 g Weizenmehl Type 405
150 warmes Wasser
15 g Hefe
½ TL Salz

Alle Zutaten in den Mixtopf geben.
2 Minuten / Knetstufe kneten.
Umfüllen.

Für die Füllung:

20 g Möhren, 50 g Schinken
10 Blättchen Basilikum
10 g Oliven

in den Mixtopf geben und **5 Sekunden / Stufe 5** zerkleinern.

180 g Frischkäse

zugeben und **5 Sekunden / Stufe 3** zerkleinern.

Aus dem Teig Platte im Format der Minimuffinsform auswellen. Platte auf die Muffinsform legen. Mit dem Teigrädchen Vierecke ausrädeln. Die Mulden formen, die Füllung darin verteilen. Die Ecken zusammendrücken.
In den kalten Ofen schieben und **bei 220°C Unter- / Oberhitze ca. 15-20 Minuten** backen.

Nährwerte je 100 g: 232,39 kcal • 972,55 KJ
8,79 g Eiweiß • **9,43 g** Fett • **27,73 g** KH • **2,07 g** Ballaststoffe • **2,31** BE

Griechische Pizzaschnecken

Am Anfang: *Backofen bei Ober- / Unterhitze auf 225 °C vorheizen.*

1 Knoblauchzehe	mit
1 Zwiebel	in den Mixtopf geben und **4 Sekunden / Stufe 5** zerkleinern.
100 g Zucchini	zugeben und **3 Sekunden / Stufe 4-5** zerkleinern.
	Deckel öffnen. Alles vom Rand nach unten schieben.
10 g Olivenöl	zugeben und **3 Minuten / Garstufe / Stufe 1** andünsten.

400 g gemischtes Hackfleisch
10 g scharfer Senf
20 g Tomatenmark
3 Prisen Zimt
1 TL Oregano
1 EL Petersilie
je ½ TL Salz & Pfeffer   Das Fleisch mit den Gewürzen zugeben und **8 Minuten / Garstufe / Linkslauf / Stufe 1** erhitzen.

Die Masse umfüllen und etwas auskühlen lassen.

Inzwischen Teig herstellen:

250 g Magerquark
1 Ei
½ Packung Backpulver
30 g Olivenöl
½ TL Salz
350 g Weizenmehl Type 405   Alle Zutaten für den Teig in den Mixtopf geben. **1 Minute / Knetstufe** vermischen.

Den Teig auf bemehlter Arbeitsflä-

Nährwerte je 100 g: **220,09** kcal • **922,08** KJ

12,91 g Eiweiß • **10,50 g** Fett • **18,30 g** KH • **1,14 g** Ballaststoffe • **1,52** BE

che zu einem 1 cm dicken Rechteck auswellen. Die Hackfleischmischung darauf verteilen. Einen 2 cm Rand freilassen – zum Einschlagen.

200 g Fetakäse (aus Kuhmilch) würfeln und auf dem Fleisch verteilen. Aufrollen.

Mit einem mit Mehl bestäubten scharfen Messer 12 Scheiben schneiden und bei **225°C ca. 20-30 Minuten** backen.

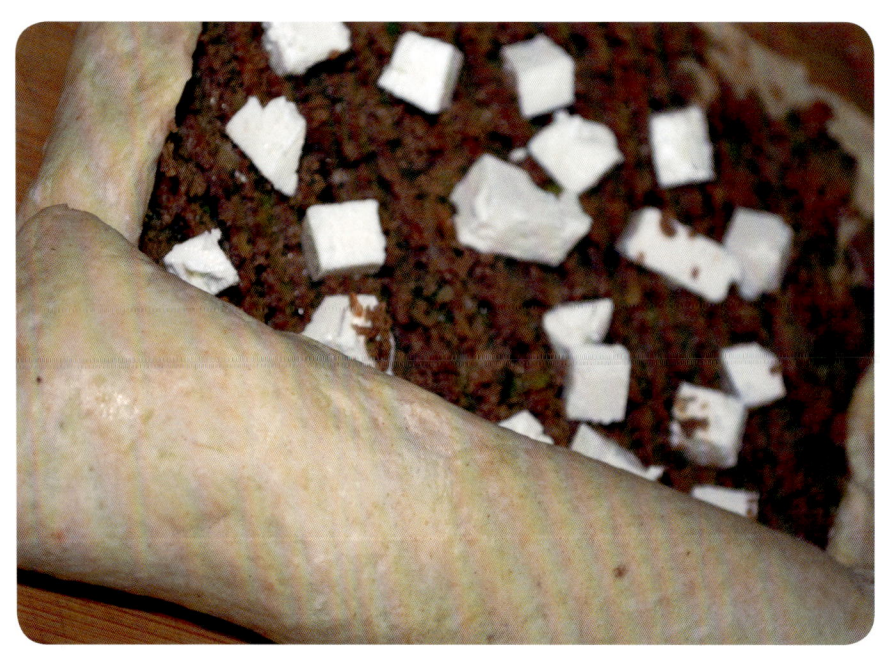

Schweinefilet mit Zitronensoße

Marinade:

2 TL Rosmarin	mit
2 Knoblauchzehen	in den Mixtopf geben und **8 Sekunden / Stufe 5** zerkleinern.
	Knoblauch mit Spatel von der Wand nach unten schieben.
20 g Olivenöl	zugeben und **3 Minuten / Garstufe / Stufe 1** dünsten.
Saft 1 Zitrone *1 TL Thymian* *1 TL gekörnte Gemüsebrühe*	und zugeben und **8 Sekunden / Stufe 3** mischen. Umfüllen.
	Topf braucht nicht gereinigt werden.
500 g heißes Wasser *2 TL gekörnte Gemüsebrühe*	mit in den Mixtopf geben.
400 g Kartoffeln	schälen, vierteln, in Garkörbchen geben. In Mixtopf einhängen.
	Mit der umgefüllten Marinade übergießen.
1 Schweinefilet *Griech. Steakgewürz*	in Scheiben schneiden und mit (s. Rezept auf Seite 120) würzen.
Öl	Mit einreiben. Am Rand des Garaufsatzes verteilen.
300 g grüne Bohnen	Ende abschneiden, waschen, in die Mitte des Garaufsatzes verteilen.
10 Cocktailtomaten	darübergeben.

1 TL gekörnte Gemüsebrühe
Chiliflocken

Mit
und
das Gemüse würzen.

Garaufsatz aufsetzen und **30 Minuten / Garstufe / Stufe 2** garen.

Brühe

im Mixtopf lassen.

60 g Crème fraîche
20 g Weizenmehl Type 405
Salz & Pfeffer

Für die Soße alle Zutaten in Mixtopf geben **2 Minuten / 100°C / Stufe 4** rühren, abschmecken.

(Bild rechts Schweinefilet mit Zitronensoße)

Nährwerte je 100 g:	94,49 kcal •	395,01 KJ

9,10 g Eiweiß • 5,08 g Fett • 2,85 g KH • 1,06 g Ballaststoffe • 0,23 BE

Griechisches Steakgewürz

1 EL schwarze Pfefferkörner
1 TL Chiliflocken

mit
in den Mixtopf geben und
10 Sekunden / Stufe 10 zerkleinern.

150 g Meersalz
1 TL Majoran, gerebelt
1 TL Zitronenpfeffer
2 TL Bärlauch
2 TL Koriander

Alle getrockneten Gewürze zugeben und **8 Sekunden / Stufe 4** vermischen.

Nährwerte je 100 g:	41,07 kcal • 171,91 KJ
1,64 g Eiweiß • 1,08 g Fett • 6,11 g KH • 2,53 g Ballaststoffe • 0,51 BE	

Gyrosgewürzmischung

1 EL Salz
1 EL schwarzer Pfeffer
3 TL Oregano, gerebelt
1 TL Cayennepfeffer
1 TL Knoblauchpulver
1 TL Petersilie, getrocknet
1 EL Paprikapulver, edelsüß
je 1 TL Rosmarin, Thymian
je 1 TL Zucker, Zitronenpfeffer
1 Prise Muskat

Gewürze in den Mixtopf geben und
10 Sekunden / Stufe 4 mischen.

Nährwerte je 100 g: 230,92 kcal • 966,44 KJ
6,66 g Eiweiß • **3,72 g** Fett • **42,01 g** KH • **9,41 g** Ballaststoffe • **3,50 BE**

Pita

600 g Weizenmehl Type 405
30 g Vollmilchjoghurt
300 g warmes Wasser
1 Würfel Hefe
10 g Zucker
50 g Olivenöl
10 g Salz

Alle Zutaten in den Mixtopf geben und **4 Minuten / Knetstufe** kneten. Zugedeckt ½ Std. gehen lassen. Aus dem Teig 4 Fladen formen und auf einem Blech verteilen.

In den kalten Ofen schieben und bei **200°C Ober- / Unterhitze 15 Minuten** backen.

1 Knoblauchzehe

in den Mixtopf geben und **5 Sekunden / Stufe 5** zerkleinern.

100 g Feta
10 g Olivenöl
Rosenpaprika

mit
und
zugeben und **5 Sekunden / Stufe 5** zerkleinern. Über den Teigplatten verteilen.

Die Backofentemperatur auf **180°C** zurückschalten und nochmals **15 Minuten** backen.

Variante ohne Fetakäse:

1 EL Olivenöl
Kreuzkümmel, Koriander

über die Fladen träufeln und mit würzen.

Nährwerte je 100 g: 257,48 kcal • 1077,13 KJ
7,97 g Eiweiß • 7,49 g Fett • 39,05 g KH • 2,86 g Ballaststoffe • 3,26 BE

Kretischer Apfelkuchen

Am Anfang: Den Ofen auf 200°C Ober- / Unterhitze vorheizen.

Rühraufsatz einsetzen!

3 Eiweiß	mit
1 Prise Salz	in den Mixtopf geben und **3 Minuten / 37°C / Stufe 3-4** rühren. Umfüllen.
300 g säuerl. Äpfel	und
150 g Birne	vierteln, entkernen, mit Schale in den Mixtopf geben. **10 Sekunden / Stufe 4** zerkleinern.

Saft ½ Zitrone
150 g Butter
100 g Zucker
3 Eigelb
40 g Metaxa (ersatzweise für Kinder Apfelsaft)
350 g Weizenmehl Type 405
1 Päckchen Backpulver
1 TL Natron
½ TL Zimt
1 Prise Nelken
steif geschlagenes Eiweiß

Restliche Zutaten in den Mixtopf geben und **1 Minute / Knetstufe** mit Hilfe des Spatels vermischen.

Runde Springform einfetten, mit Semmelbrösel bestäuben und im vorgeheizten Backofen mit **Ober- / Unterhitze bei 200°C** (Heißluft 180°C) **50 Minuten** backen.

Nährwerte je 100 g: 252,33 kcal • 1056,24 KJ
4,76 g Eiweiß • 11,65 g Fett • 32,00 g KH • 1,91 g Ballaststoffe • 2,67 BE

Kourabiedes Weihnachtsgebäck

Am Anfang: *Den Backofen auf 190°C vorheizen.*

150 g Zucker	in den Mixtopf geben und **15 Sekunden / Stufe 10** pulverisieren. Umfüllen.
100 g Mandelstifte	in den Mixtopf geben und **3 Minuten / Garstufe / Stufe 1** anrösten.
500 g Weizenmehl Type 405 *250 g Butter, in Stücken* *1 Prise Salz, 1 Ei* *100 g Puderzucker (siehe oben)* *1 Päckchen Vanillezucker* *Schale 1 unbeh. Orange* *½ Päckchen Backpulver*	(50 g Puderzucker zum Bestäuben) Restliche Zutaten zugeben und **20 Sekunden / Stufe 5** mischen.

Den krümeligen Teig auf die Arbeitsfläche schütten.

Kurz mit der Hand durchkneten und zu einer knapp 1 cm dicken Platte auswellen. Monde ausstechen und auf ein mit Backpapier ausgelegtes Blech setzen.
Im vorgeheizten Backofen bei **190°C Ober- / Unterhitze** (170°C Heißluft) ca. **13-15 Minuten** backen.

Eine weitere Backfolie mit Puderzucker bestäuben und die noch heißen Monde darauflegen.

Oberseite auch mit Puderzucker bestäuben. Nach dem Erkalten in einer Blechdose aufbewahren.

Nährwerte je 100 g:	451,82 kcal • 1891,32 KJ
7,22 g Eiweiß • 25,59 g Fett • 48,30 g KH • 3,27 g Ballaststoffe • 4,03 BE	

Rosenkuchen

Am Anfang: Backofen auf 200°C Ober- / Unterhitze vorheizen.

Für die Füllung vorbereiten:

150 g Sultaninen
Saft 1 Orange
20 g Metaxa

in eine Schüssel geben und ½ Stunde einweichen.

150 g Vollmilchjoghurt
60 g Vollmilch
50 g Schlagsahne
80 g Butter

in den Mixtopf geben und **4 Minuten / 37°C / Stufe 1** erwärmen.

500 g Weizenmehl Type 405
1 ½ gestr. TL Salz
80 g Zucker
Schale ½ ungespritzten Orange
1 Würfel Hefe

Restliche Zutaten für den Teig in den Mixtopf geben. **4 Minuten / Knetstufe** kneten.
Zugedeckt ½ Stunde an einem warmen Ort gehen lassen.

In der Zwischenzeit Füllung zubereiten:

150 g Mandeln

in den sauberen Mixtopf geben und **5 Sekunden / Stufe 9** zerkleinern.

Eingeweichte Sultaninen mit Saft
1 gestr. TL Zimt
50 g Butter
20 g Akazienhonig

Restliche Zutaten zugeben und **8 Sekunden / Stufe 6** vermischen.

Den aufgegangenen Hefeteig auf einer bemehlten Arbeitsfläche zu einem 30 x 40 cm großen Rechteck auswellen und gleichmäßig mit der

Nährwerte je 100 g: 333,33 kcal • 1394,74 KJ
7,21 g Eiweiß • 14,98 g Fett • 41,73 g KH • 4,13 g Ballaststoffe • 3,48 BE

Füllung bestreichen.

Von der langen Seite her aufrollen und in ca. 3 cm dicke Scheiben schneiden. In eine gefettete Springform kranzförmig aneinanderreihen und abgedeckt nochmals 20 Minuten gehen lassen. Im vorgeheizten Backofen mit **Ober- / Unterhitze bei 200°C 30 Minuten** backen.

Guss zum Bestreichen:

2 EL Puderzucker
1 EL Orangensaft

in einer kleinen Schüssel mischen. Den warmen Kuchen damit bestreichen.

Griechisches Käsegebäck

Am Anfang:

Backofen bei Ober- / Unterhitze auf 225°C vorheizen.

280 g Weizenmehl Type 405
100 g Butter, in Stücken
100 g Fetakäse aus Schafsmilch, in Stücken
50 g Milch + 1 Ei
½ Packung Backpulver
2 Prisen Salz, Chiliflocken

Alle Zutaten in den Mixtopf geben und **15 Sekunden / Stufe 6** vermischen.

Teig zu einer Rolle formen und ½ cm dicke Scheiben schneiden oder zu Stangen rollen.

Im vorgeheizten Backofen bei **225°C Ober- / Unterhitze 15 Minuten** goldbraun backen.

Schmeckt warm oder kalt, mit und ohne Dip!

Nährwerte je 100 g: 346,06 kcal • 1448,87 KJ

9,23 g Eiweiß • 19,14 g Fett • 34,27 g KH • 1,91 g Ballaststoffe • 2,86 BE

Melonensekt

40 g Zucker — in den Mixtopf geben und **10 Sekunden / Stufe 10** pulverisieren.

250 g Melonenstücke, gefroren
20 g Metaxa — und
Saft 1 Zitrone — zugeben und **5 Sekunden / Stufe 10** pürieren.

1 Flasche Sekt, halbtrocken — bei **laufendem Messer / Stufe 6** in den Mixtopf gießen.

Sofort servieren!

Nährwerte je 100 g: **82,67** kcal • **346,15** KJ
0,34 g Eiweiß • **0,04 g** Fett • **8,04 g** KH • **0,24 g** Ballaststoffe • **0,67** BE

Melonentraum

40 g Zucker	in den Mixtopf geben und **10 Sekunden / Stufe 10** pulverisieren.
300 g Melonenstücke, gefroren *20 g Metaxa*	mit zugeben und **6 Sekunden / Stufe 9** zerkleinern.
	Rühraufsatz einsetzen!
1 Eiweiß	zugeben und **3 Minuten / Stufe 3-4** aufschlagen.

Index

Index

Index

Neue Kochbücher - Jahreszeiten finden Sie alle nötigen

...omix® TM31 oder TM21.

...lle notwendige Angaben für die Zubereitung im ... (Stufe, Temperatur und Zeit).

...aktisches Ringbuch im A5-Format gebunden und ...bilen Spiralbindung um 360° umklappen.

...a Nährwerte, damit Sie die Punkte mit dem Kalku-... können.

...aben hochwertige Fotos zu jedem Rezept.

...d Musterseiten zum Blättern in unserem Inter-

Lassen Sie sich in Zeiten der gut sortierten Supermärk... chen Erdbeeren in die frische saisonale Küche von Ga... ren.

Bereits unsere Urgroßeltern kochten mit den Jahresze... nährungsbewusstsein heraus, sondern weil es einfach ... nales Obst und Gemüse frisch vom Markt zu kaufen. U... auch Sie ein Stück weit mitnehmen.

Alle Rezepte sind mehrmals erprobt und mit viel Hing... Wolpensinger fotografiert. Wichtige Schritte wurden i... den Rezepten finden Sie alle notwendigen Angaben wi... Zubereitung mit dem Thermomix.

Kapitelübersicht Teil 1: Backen, Aufstriche, Salate, Ge... pen, Hauptgerichte, Getränke, Desserts, Rund um´s G...

Kapitelübersicht Teil 2: Salate, Suppen, Gerichte im G... sert, Backen herzhaft und süß, Getränke, Gewürze.

In unserem Shop finden Sie das Inhaltsverzeichnis und

BLECH- U. RÜHRKUCHEN
Die schnellsten Kuchen. 50 Rezepte für Blechkuchen und 50 Rezepte für Rührkuchen.
Best.-Nr. 010 • Preis € 12,-

KOCHSCHULE 1
Das richtige Buch für TM-Anfänger. Große Vielfalt an Rezepten der täglichen Küche.
Best.-Nr. 011 • Preis € 13,50

KOCHSCHULE 2
Hier der zweite Band. Unkomplizierte, schnelle Rezepte.
Best.-Nr. 012 • Preis € 13,50

FRISCHE KÜCHE
Schnelle, leichte und gemüsereiche Kost. Viele Rezepte für den Garaufsatz.
Best.-Nr. 014 • Preis € 13,50

GESCHENKE
Duftendes Gebäck, süße Pralinen, Liköre uvm. - Geschenke vom Herzen. Fantasievoll eingepackt.
Best.-Nr. 026 • Preis € 15,50
BUCH MIT FOTOS!

LEICHTE KÜCHE
Rezepte, die nichts am Genuss einbüßen und obendrein gesund sind.
Best.-Nr. 020 • Preis € 16,50
BUCH MIT FOTOS!

SCHNELLE KÜCHE
Gerichte, die man im Handumdrehen zubereiten kann. Tägliche, unkomplizierte Küche.
Best.-Nr. 021 • Preis € 16,50
BUCH MIT FOTOS!

KOCHSCHULE 3
Der dritte Band. Unkomplizierte, bodenständige Rezepte.
Best.-Nr. 024 • Preis € 16,50
BUCH MIT FOTOS!

JAHRESZEITEN FRÜHJAHR/ SOMMER
Saisonale Rezepte für Salate, Suppen, Hauptgerichte, aber auch süßes Gebäck.
Best.-Nr. 028 • Preis € 18,50
BUCH MIT FOTOS!

JAHRESZEITEN HERBST/WINTER
Kochen mit den Jahreszeiten. Eine Besonderheit sind Rezepte für selbstgemachte Gewürzmischungen.
Best.-Nr. 029 • Preis € 18,50
BUCH MIT FOTOS!

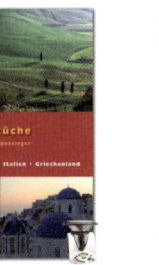

URLAUBSKÜCHE 1
Rezepte zum Träumen. Das Feeling von Sonne und Meer zu Hause zum Nachkochen.
Best.-Nr. 022 • Preis € 16,50
BUCH MIT FOTOS!

URLAUBSKÜCHE 2
Fernöstliche Leckereien aus Ihrem Thermomix. Süß, sauer und gerne auch scharf.
Best.-Nr. 023 • Preis € 16,50
BUCH MIT FOTOS!

HEUTE OHNE FLEISCH
Backen und Kochen ohne Fleisch. Mit Obst und Gemüse, leicht und lecker durch den Tag.
Best.-Nr. 025 • Preis € 16,50
BUCH MIT FOTOS!

SÜSSES BACKWERK
Ein Standardwerk mit Grundrezepten für alle gängigen Teige. Obstkuchen, Apfelkuchen, herzhaftes Gebäck uvm.
Best.-Nr. 013 • Preis € 12,-

Accessoires für die Küche

MINIMUFFINSFORM MIT DRÜCKER
Für kleineTartes, Muffins, Fingerfood und andere „kleine" Ideen. Rezepte finden Sie z. B. in unserem Buch Urlaubsküche Teil 1.

MUFFINSFÖRMCHEN AUS SILIKON
Beim Teigeinfüllen halten sie „Stand". Beim Backen läuft nichts aus. Und dann in der Spülmaschine waschen und wieder benutzen.

PAPIERBACKFORMEN
Zum dekorativen Verschenken von Kuchen. In klassischen Café-Haus-Dekor.

DEKO-QUEEN
Ein Set zum Dekorieren von CupCakes, Kuchen und Desserts, mit großer Stern- und Lochtülle aus Edelstahl.

DAUERBACKFOLIEN
Wiederverwendbare Backfolien - braun, schwarz und silber mit unterschiedlichen Backeigenschaften.

BUCHSTÄNDER
Mit diesem Ständer steht Ihr Kochbuch direkt auf dem Arbeitsplatz drumherum gut geschützt.

REINIGUNGSBÜRSTE FÜR TOPFMESSER
Eine kleine Bürste, genau passend unter die Mixtopfmesser. Die Borsten haben genau die richtige Härte, um wirklich alles sauber zu reinigen.

PIZZASTEIN MIT SCHNEIDEMESSER
Zum Backen von Pizza (frisch oder gefroren), Brot und Brötchen oder Kuchen. 32 cm groß und mit Griffen zum Servieren.

KÜ...
Wir ...
hitz...
nen ...
in ...

GÄRKÖRBCHEN AUS HO...
Körbchen aus heimischen Nat... der Brotteige.

VERSCHIEDENE BACKFORM...
Wir bieten eine Auswahl an versch... men mit langlebiger Beschichtung a...

Backen, Rühren, Mixen
Ein sehr umfangreiches Backbuch mit 120 Rezepten. Inclusive Weihnachtsbäckerei ist alles dabei.
Best.-Nr. 001 • Preis € 12,-

Kochen, Rühren, Mixen Teil 1
Unser Grundkochbuch für die TM21-Benutzer. Alle wichtigsten Rezepte für den Anfang.
Best.-Nr. 002 • Preis € 12,-

KOCHEN, Rühren, Mixen Teil 2
Der zweite Band von unserem Grundkochbuch für die TM21-Benutzer. Rezepte für den Anfang.
Best.-Nr. 003 • Preis € 12,-

FRISCHE KÜCHE
Hier Ausgabe für TM21. Schnelle, leichte und gemüsereiche Kost. Viele Rezepte für den Garaufsatz.
Best.-Nr. 017 • Preis € 12,-

Kochen, Dünsten, Garen
Rezeptbuch für den Garaufsatz. Komplette Menüs, viele Suppen, Soßen, Aufläufe und Hauptgerichte.
Best.-Nr. 004 • Preis € 12,-

Getränke & Brotaufstriche
50 alkoholfreie Getränke, 50 süße und herzhafte Aufstriche. Zum Selbermachen.
Best.-Nr. 005 • Preis € 12,-

RICHTIG TRENNEN
Ein Trennkostbuch für TM21-Benutzer. 111 erprobte Rezepte mit Nährwerten und Trennkost-Kennzeichnung.
Best.-Nr. 006 • Preis € 12,-

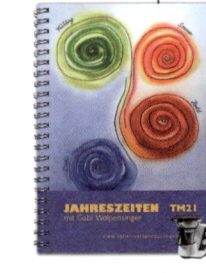

JAHRESZEITEN
Hier Ausgabe für den TM21. Kochen mit den Jahreszeiten. Mit den jahreszeitüblichen Zutaten
Best.-Nr. 018 • Preis € 12,-

FLEISCHLOSE TAGE TEIL 1
100 Vollwertrezepte mit Nährwertangaben. Bratlinge, vollwertiges Frühstück, Vollwertbäckerei, Suppen und Hauptgerichte.
Best.-Nr. 007 • Preis € 12,-

FLEISCHLOSE TAGE TEIL 2
Kochbuch für Allergiker. Glutenfreie Rezepte, mit Reis, Mais und Buchweizen. Und für Milcheiweißallergiker Rezepte mit Tofu und Soja.
Best.-Nr. 008 • Preis € 12,-

TORTENBUCH
100 erprobte Tortenrezepte, Schritt für Schritt geschrieben, dass alles sicher gelingt. Zaubern Sie perfekte Torte zu jedem Anlass.
Best.-Nr. 009 • Preis € 12,-

TM21